KB203908

든든한 구역, 부흥하는 교회
구역 나눔 공과

구역 나눔 공과 [든든한 믿음으로 하나되는 구역]

초 판 1쇄 발행 | 2019. 11. 30
초 판 1쇄 인쇄 | 2019. 11. 30
지은이 | 정신일
펴낸이 | 박미옥
펴낸곳 | 맑은하늘
책임편집 | 이지선
편 집 | 이지선
교 정 | 성주희
일부총판 | 비전북 (031) 907-3927
등 록 | 제 679-30-00201호(2016. 8. 11)
주 소 | 부천시 원미구 중동 1289번지 팰리스카운티
       아이파크상가 5층
전 화 | (032) 611-7578
팩 스 | (032) 343-3567
도서출간상담 | E-mail:chmbit@hanmail.net

ISBN : 979-11-88790-18-0 (03230)

정가:6,500원

저자 정신일 목사

정신일 목사는 오랫동안 청소년과 청년 사역을 통해 젊은이들과 호흡해 온 목회자이다. 하나님이 주신 아름다운 감성으로 대학시절 집필한 <메시아전쟁> 이라는 단편이 일간스포츠에서 주관한 대중문학상에 입상한 바가 있고, 대학 졸업 후에는 영화 전문잡지 취재기자로, 기독교계통 신문의 칼럼리스트로 활동하기도 했다.
또한 대한예수교 장로회(대신) 여름성경학교 집필위원으로 3년간 교재를 집필하기도 했다.
현재는 크리스천리더출판사와 다음세대이 리더를 세우는 모임인 크리스천리더의 대표이며 기쁨의 교회(joy1.co.kr)를 개척하여 즐겁게 목회하는 개척교회 목사이기도 하다.
안양대학교 기독교 교육학을 전공하였고, 동 대학원에서 목회학(M. Div.) 성경학(Th.M)을 전공했다.

주요저서: 「예수님이 말씀하신 믿음」, 「여호수아처럼 뛰어라」, 「수험생 100일 큐티」, 「수능큐티」, 「복음큐티」, 「나를 위한 값진 십자가」, 「파워포인트와 그림 시청각설교 시리즈」 등 총 30여종의 저서가 있다.

[정신일 목사] 든든한 구역 세우기 구역 나눔 공과

구역
나눔공과

든든한 믿음으로
하나되는 구역

정신일 목사

구역은 가장 아름다운 사랑과 교제의 모임입니다.
구역은 교회 부흥의 원동력이며, 모든 사역의 기초입니다.

맑은하늘

머리말

우리는 교회 내부의 문제들이 사회적 도마 위에 올라 복음의 본질까지 훼손되고 우리의 뜨거운 신앙마저 제멋대로 난도질 당하는 어려운 시기에 살고 있습니다. 분명 지금은 더 기도할 때이며, 오히려 우리 믿는 자들이 더 회개하고 각성해야 할 때입니다.

또한 잊지 말아야 할 것은, 이 세상의 유일한 희망은 교회라는 사실입니다. 예수님께서 본래 세우신 교회의 진정한 의미를 알고 노력한다면 세상과 세속의 거센 세파 속에서도 교회는 당당히 서게 될 것입니다. 주를 믿는 우리가 열심과 충성과 봉사로 하나님과 교회를 섬기는 노력에 더 힘써야 합니다.

이런 시대적 상황 속에서 더욱 결속력을 강화하고 말씀과 기도로, 또한 아름다운 사랑의 교제로 무장해야 할 곳은 바로 구역입니다. 구역은 곧 교회의 뼈대와도 같습니다.

구역은 하나님의 은혜를 받고 누리는 곳이자, 하나님의 축복의 통로입니다. 또한 구역은 하나님의 은혜의 맛을 누리는 곳입니다.

구역이 활력 넘칠 때 교회의 활기가 넘치게 되고, 구역이 시들해지면 교회 분위기 역시 시들해집니다. 보통 소그룹의 명칭은 교회마다 조금씩 다른데 구역, 목장, 사랑방, 셀모임 등으로 불리며 이런 구역 모임을 통해 우리는 말씀으로 은혜를 나누고 기쁨과 슬픔과 위로의 감정을 나누게 됩니다.

[구역나눔공과]가 든든한 구역, 부흥하는 교회를 세우기 위한 하나님의 은혜의 동기를 심어 줄 것이라 확신합니다.

이 공과는 쉬우면서도 깊이 있는 말씀의 나눔과 삶의 적용을 통해 성숙한 그리스도인이 되는데 도움을 주리라 확신합니다.

이 책은 무엇보다 말씀 중심으로 집필되었고 각 과마다 요약된 말씀을 통해 잘 정리하였습니다. 또한 빈칸 채우기를 통해 과에서 중요한 메시지를 한 번 더 생각하고 기억할 수 있도록 하였고 구역 나눔을 통하여 말씀을 알고 그 말씀을 삶에 적용할 수 있도록 기획하였습니다. 마지막으로 각 지체들과 기도 제목을 나누며 함께 기도할 수 있도록 하였습니다. 구역은 곧 영적 가족이기에 서로 기도를 나누는 공동체가 되어야 하기 때문입니다.

[구역나눔공과]를 통하여 모든 교회의 구역이 건강하고 아름답게 세워져 가기를 기도하고 소망합니다. 그리하여 이 땅에 하나님이 기뻐하시는 공동체가 많이 세워지기를 소망합니다.

이 책이 나오기까지 큰 관심과 사랑으로 이끌어준 사랑하는 아내와 늘 그 자리에서 기도해주신 저희 기쁨의 교회 성도님들께 감사드립니다. 또한 부족한 원고를 잘 다듬어 책으로 엮어준 직원들에게 감사드립니다.

"구역이 희망이다."
2020년 1월 기쁨의 교회 정신일 목사

차례

1. 복음을 위해 분노하라

- 본문 | 사도행전 19장 21~41절
- 찬송 | 552장, 550장, 551장

바울은 복음 전파에 대한 열망이 대단했습니다. 바울은 에베소에서도 열심히 복음을 전했습니다. 그런데 에베소에서 예수를 믿는 자들이 크게 늘어나자 아데미 신전 주변의 상인들과 큰 마찰이 일어나게 되었습니다. 기독교인들이 많이 늘어나자 아데미 신상을 만들어 팔던 이들의 영업 이익이 크게 줄어들었던 것이 마찰의 이유였습니다.

그렇다면 오늘 본문을 통해 무엇을 알 수 있습니까?

첫째, 하나님의 (　　　)을 위해 분노하시기 바랍니다.
복음이 훼손되어가고 이단이 득세하는 현실에 분노하십시오. 그로 인한 영적 상실에 분노하십시오. 그리고 기도하십시오.
오늘 말씀에 에베소에서 우상 아데미 여신을 만들어 팔아 생계를 유지하여 살아가던 상인들이, 바울을 위시한 기독교인들 때문에 분노했습니다.
오늘 말씀에 데메드리오라는 사람이 나옵니다. 데메드리오는 모인 상인들에게, 바울이 에베소뿐 아니라 전 아시아를 통해 수많은 사람들에게 손으로 만든 것은 신이 아니라고 하면서 자신들의 영업을 방해했다는 것입니다.
이들의 절박한 심정이 27절에 그대로 나타나 있습니다.

- 정답 : 복음

"우리의 이 영업이 천하여질 위험이 있을 뿐 아니라 큰 여신 아데미의 신전도 무시를 당하게 되고 온 아시아와 천하가 위하는 그의 위엄도 떨어질까 하노라"

데메드리오의 선동으로 성난 상인들은 바울과 함께 다녔던 가이오와 아리스다고를 붙들어 극장으로 달려 들어갔다고 기록하고 있습니다.

에베소 상인들은 왜 분노했습니까? 저들의 생계를 위해 분노했던 것입니다. 우리는 그들과 달라야 합니다. 우리는 무엇을 위해 분노해야 할까요? 우리 믿는 자들은 그 무엇보다 복음이 위협 받고 있는 이 땅에 분노할 수 있어야 합니다.

바울 일행과 아데미 여신의 우상을 만들어 파는 자들의 갈등이 걷잡을 수 없게 되었습니다.

에베소 사람들이 아데미 여신을 외치며 소리를 지르니 당시 의회 최고 서기이며, 최고 행정 관리였던 서기장이 나와 이들을 진정시키려 애를 씁니다.

사실, 서기장은 기독교인들을 두둔하거나, 바울과 그 일행을 변호하려는 것이 아닙니다. 단지, 로마법대로 그 질서를 수호하기위해 개입하게 된 것입니다. 서기장은 이들에게 불법집회를 해산하라고 명합니다. 바울은 어떤 어려움에도 굴하지 않고 복음을 위해 싸웠습니다.

여러분, 바울처럼, 하나님의 복음을 위해 분노하시기 바랍니다. 이 땅, 이 민족의 복음회복을 위해 기도하시기 바랍니다.

둘째, 어떠한 (   )도 우상입니다.

성경은 분명히 말합니다. 어떠한 것도 하나님을 대신할 수 없다고 말입니다.

• 정답 : 신상

사람들은 이런 신상을 세우고, 빌고, 그곳에서 기도합니다. 왜 이런 조형물들을 세우고, 그곳에서 빌까요? 두려움 때문입니다. 사람의 마음속에는 두려움이 있기 때문이지요.

하지만 그 어떠한 형상도 우상입니다. 하나님은, 우리가 하나님께 직접적으로 기도하고 교제함으로 나아갈 길을 주셨습니다.

○ 말씀과 함께 하는 **나눔** [koinonia]

1. 설교 본문을 한번 더 읽고 말씀이 주는 은혜를 나눠봅시다.

2. 에베소에서 아데미 여신 즉 우상을 만들어 팔던 상인들이 바울에게 분노한 이유는 무엇인지 본문에서 찾아 나눠봅시다.

3. 내 마음속의 우상은 무엇인지 적어보고 그것들을 버리고 온전히 예수 그리스도만이 우리 마음에 좌정하도록 기도합시다.

기도나누기

2. 말씀대로 행하라

- 본문 | 야고보서 1장 19~27절
- 찬송 | 74장, 382장, 430장

야고보서는 믿는자들의 신앙생활 지침서라 할 수 있습니다. 로마서가 구원과 믿음의 본질을 체계적으로 서술한 신학서라면, 야고보서는 그 믿음을 지니고 어떻게 살 것인지에 대해 잘 알려주고 있습니다.

믿는 자는 어떤 삶의 자세를 지니고 있어야 할까요?

첫째, "내 사랑하는 형제들아 너희가 알지니 사람마다 (   )는 속히 하고 (   )는 더디 하며 성내기도 더디 하라"(19절)

이 말씀은 신앙공동체 뿐 아니라, 세상의 관계 속에서도 실로 유익한 지침입니다. 야고보 사도는, 듣는 것에는 수용성을 지니되 말하는 것과 성내는 일은 더디 하라고 말합니다.

"사람이 성내는 것이 하나님의 의를 이루지 못함이라"(20절)

쉽게 말하고 화내는 사람은 이 땅에서 하나님의 뜻을 결코 이룰 수 없다는 사실을 기억하면서, 말씀에만 단순하게 반응하는 성도들이 되어야 하겠습니다.

둘째, "그러므로 모든 더러운 것과 넘치는 (   )을 내버리고 너희 영혼을 능히 구원할 바 마음에 심어진 말씀을 (   )함으로 받으라"(21절)

'온유'라는 말은 '온화하고 부드럽다'는 뜻입니다. 온유함으로 말씀

• 정답 : 듣기, 말하기, 악, 온유

을 받기 위해서 더러운 것과 악을 제거하라고 말합니다. 여기서 '더러운 것'은 모든 도덕적인 악을 가리킵니다. 즉 우리의 내면적인 죄를 완전히 분리하고 벗어 내기 위해 힘써야 한다는 것입니다.

셋째, "너희는 말씀을 (   ) 자가 되고 듣기만 하여 자신을 (   ) 자가 되지 말라"(22절)

말씀과 행동은 하나의 개념에 필연적으로 잇따르는 단어들입니다. 말씀만 듣고 행동하지 않거나, 행동만 하고 말씀으로 채우지 않는다면 온전한 신앙이라 할 수 없습니다.

넷째, "누구든지 스스로 경건하다 생각하며 자기 (   )를 재갈 물리지 아니하고 자기 마음을 속이면 이 사람의 경건은 헛것이라"(26절)

진실로 경건하기 위해서는 먼저 자기 혀에 재갈을 물려야 하고, 다음은 자기 마음을 속이지 않아야 합니다. 혀에 재갈을 물린다는 것은 그 정도로 말의 절제가 필요하다는 것입니다. 또한 자기 마음을 속인다는 것은 스스로 경건하다 생각하며 확신하는 것입니다. 여기서는 그것을 경계하고 있습니다.

그렇다면 무엇이 진정한 경건일까요?

"하나님 아버지 앞에서 정결하고 더러움이 없는 경건은 곧 고아와 과부를 그 환난 중에 돌보고 또 자기를 지켜 세속에 물들지 아니하는 그것이니라"(27절)

여기서 '하나님 아버지 앞에서' 라는 말은 헬라어로 '파라토 데어'라고 하는데, 이것은 '하나님의 편에 서서' 라는 뜻입니다. 즉 야고보 사도가 말하는 경건은 단적으로 하나님 편에 서 있는 것입니다.

• 정답 : 행하는, 속이는, 혀

온전한 신앙이란 말씀대로 사는 삶이고, 그것은 부단한 노력이 필요합니다. 하나님 편에 서서 행동하는 그리스도인이 됩시다.

○ 말씀과 함께 하는 나눔 [koinonia]

1. 설교 본문을 한번 더 읽고 말씀이 주는 은혜를 나눠봅시다.

2. 믿는 자의 삶은 어떠해야 하는지 본문에서 찾아봅시다.

3. 일상에서 말씀대로 사는데 가장 방해가 되는 요소는 무엇인지 나눠보고, 말씀과 삶의 간격이 줄어들게 해달라고 기도합시다.

기도나누기

3. 든든한 믿음의 사람과 함께하라

- 본문 | 사도행전 18장 18~28절
- 찬송 | 43장, 42장, 438장

든든한 믿음의 사람은 온전한 말씀, 온전한 기도, 온전한 교회생활과 더불어 삶에서 온전한 하나님의 선을 실천하는 자입니다. 또한 든든한 믿음을 소유한 사람과 함께 하면 그 믿음은 아름답게 전염되어 나간다는 사실 또한 기억하시기 바랍니다. 나부터 든든한 믿음의 사람이 되도록 노력해야 할 것입니다.

그렇다면 오늘 말씀을 비추어 든든한 믿음의 사람이 되려면 어떤 노력을 기울여야 할까요?

첫째, 하나님의 (   )을 표현하는 것입니다.

바울은 곳곳에 다니면서 두 가지로 사랑을 표현했습니다. 복음전파는 가장 적극적인, 하나님 사랑의 표현입니다.

각 교회마다 사랑의 편지를 써서 보냄으로 사랑을 표현했습니다. 지금부터 라도 하나님의 사랑을 표현하는 성도들이 다 되시기 바랍니다.

둘째, 든든한 믿음의 사람이 되려면 함께 (   )하시기 바랍니다.

하나님의 일은 혼자 할 수 없는 일입니다. 바울도 동역자가 없었다면 감당하기 쉽지 않았을 것입니다. 아마도 브리스길라와 아굴라는 바울의 열정적인 복음전도에 감명을 받자, 이제 천막장사는 목적이 아닌 수단이 되어버렸습니다.

- 정답 : 사랑, 협력

18절에 "바울은 더 여러 날 머물다가 형제들과 작별하고 배를 타고 수리아로 떠나갈 새 브리스길라와 아굴라도 함께 하더라" 하였습니다.

바울과 일행은 에베소에 머물렀고, 그곳에서 유대인들에게 복음을 전하였습니다. 그후 에베소를 떠나 가이사랴, 안디옥을 거쳐서 23절에 "얼마 있다가 떠나 갈라디아와 브루기아 땅을 차례로 다니며 모든 제자를 굳건하게 하니라" 하였습니다.

바울은 복음의 씨를 뿌렸을 뿐 아니라, 잘 자라고 있는지, 혹여 악한 가라지가 복음의 열매를 방해하지 않는지를 또다시 살펴보며 선교 여정을 계속하였던 것입니다.

여러분, 든든한 믿음의 사람이 되려면 함께 협력하십시오. 어떤 상황이라도 협력하며 하나하나 세워가야 합니다.
여러분, 든든한 믿음의 사람이 되십시오. 또한 든든한 믿음의 사람과 함께 하십시오. 든든한 믿음의 사람은 사랑을 표현하는 사람이요, 함께 하나님의 공동선을 위해 협력하는 자입니다.
26절 하반절에 "브리스길라와 아굴라가 듣고 데려다가 하나님의 도를 더 정확하게 풀어 이르더라"
든든한 믿음의 사람과 함께 있다면 그 습관이나 믿음까지도 좋은 모습으로 변화되기 마련입니다. 이런 믿음의 사람과 함께 하시기 바랍니다. 브리스길라와 아굴라가 든든한 믿음의 사람 바울을 만나 더 굳건한 믿음을 세웠던 것처럼 브리스길라와 아굴라를 통해서도 아볼로가 더 확실한 복음을 전수받게 되었던 것입니다.

28절에 "이는 성경으로써, 예수는 그리스도라고 증언하여 공중 앞에서 힘있게 유대인의 말을 이김이러라" 하였습니다.

우리는 더욱더 큰 믿음을 세워서 부족한 자들을 세워가야 합니다. 든든한 믿음의 성도가 됩시다.

○ 말씀과 함께 하는 나눔 [koinonia]

1. 설교 본문을 한번 더 읽고 말씀이 주는 은혜를 나눠봅시다.

2. 든든한 믿음의 사람이 되려면 어떠한 노력을 기울여야 하는지 본문에서 찾아 나눠봅시다.

3. 자신이 우리 교회의 든든한 믿음의 동역자로 서기 위한 결단의 기도를 드립시다.

기도나누기

4. 하나님을 앞장세우라

• 본문 | 사무엘상 17장 41~54절
• 찬송 | 28장, 90장, 338장

오늘 본문을 통해 우리보다 앞서 영적싸움에 승리했던 다윗에게 용기를 얻고자 합니다. 다윗과 골리앗의 모습은 마치 거대한 세상 앞에 있는 우리의 모습과도 많이 닮아 있어서, 현재를 살아가는 우리에게 좋은 본보기가 됩니다.

본문에 등장하는 다윗과 골리앗은 극명하게 정반대의 모습으로 등장합니다. 더 이상 갖출 것 없이 완벽히 무장한 골리앗과, 싸우기 위한 최소한의 준비도 갖추지 않은 다윗의 모습이 바로 그것입니다.

어떻게 다윗이 이 불가능한 싸움에서 승리할 수 있었을까요?

첫째, 다윗은 여호와 (　　　　)을 앞장 세워 승리하였습니다.
무방비한 상태의 다윗이 블레셋 사람에게 선포하였습니다.

"너는 칼과 창과 단창으로 내게 나아 오거니와 나는 만군의 여호와의 이름 곧 네가 모욕하는 이스라엘 군대의 하나님의 이름으로 네게 나아가노라"(45절) 곧 자신은 다른 것 하나 없이 하나님 한 분만 앞장세우리라는 놀라운 고백이었습니다.

세상의 어떤 싸움이라도 하나님의 이름을 앞세운다면 승리할 수 있습니다. 이것이 우리가 영적싸움에서 승리할 수 있는 최고의 방법입니다.

• 정답 : 하나님

둘째, 다윗은 (　　　　　)을 위해 싸웠습니다.

우리의 싸움은 하나님을 위한 선한싸움이 되어야 합니다. 이것은, 나를 위한 삶이 아니라, 하나님을 위한 삶이라는 믿음의 단초가 있어야 한다는 것입니다.

다윗은, 자신이 하나님을 위해 싸우려는 그 중심을 하나님께서 아시고 이 싸움을 친히 이끌어 주시리라는 확신이 있었습니다.

하나님을 위해 선한싸움을 싸우는 것뿐 아니라, 늘 하나님이 앞장서 계신다면, 무엇이 우리를 두려움에 빠지게 할 수 있을까요?

하나님이 중심에 있기만 하면, 세상의 어떤 싸움에서도 넉넉히 승리할 수 있습니다.

셋째, 다윗은, 하나님께서 (　　　　　)하게 하심을 확신했습니다.

다윗은, 모든 승패는 결국 하나님께 달려있음을 확신하며 싸웠습니다. "또 여호와의 구원하심이 칼과 창에 있지 아니함을 이 무리에게 알게 하리라 전쟁은 여호와께 속한 것인즉 그가 너희를 우리 손에 넘기시리라"(47절)

이처럼 우리도 거대한 세상의 겉모습에 속지 말고, 싸움의 승패는 오직 하나님께 달려있음을 믿고 나아가야 합니다.

구원은 오직 여호와 하나님께 속한 것입니다. 우리는 세상이란 적군에 비교한다면 다윗처럼 아주 작고 보잘 것 없지만 우리와 함께하시는 하나님은 강한 분이십니다.

지금 우리들에게 가장 필요한 것은 세상의 무기나 사람들이 아니라, 오직 '믿음'입니다. 골리앗을 대적했던 다윗의 믿음 말입니다.

• 정답 : 하나님, 승리

다윗의 믿음을 가지고 세상 앞에 두려워 숨지 말고, 당당하게 맞서길 바랍니다. 주 여호와 하나님께서 우리의 삶과 모든 행동을 주관하실 것입니다.

○ 말씀과 함께 하는 나눔 [koinonia]

1. 설교 본문을 한번 더 읽고 말씀이 주는 은혜를 나눠봅시다.

2. 영적싸움을 할 때 필요한 것은 무엇입니까? 본문에서 찾아 이야기를 나눠봅시다.

3. 나에게 가장 힘든 영적싸움은 무엇입니까? 그리고 이 영적싸움에서 승리하기 위해 나에게 필요한 것을 이야기하고 함께 기도합시다.

기도나누기

5. 판단하지 말고 분별하라

- 본문 | 고린도전서 4장 5절
- 찬송 | 302장, 430장, 304장

재림은 '이르다', '왔다'라는 뜻을 지닌 헬라어 동사 '파레이미'에서 파생된 '파루시아' 라는 단어에서 왔습니다.

이 단어는 '출현', '나타남', '강림하심'을 뜻합니다(마 24:3, 27; 약 5:7).

신약 성경에서 예수님의 재림에 대한 약속이나 언급은 무려 300회 이상 나옵니다. 그래서 사도행전 및 여러 서신서를 보면, 고난 중에 신앙 생활하던 많은 성도들이, 예수 그리스도께서 곧 다시 오실 것이라는 임박한 재림 사상을 가지고 있었음을 확인할 수 있습니다.

그렇다면 종말론적 신앙을 지니고 살았던 초대교회 성도들처럼 지금도 여전히 예수 그리스도의 재림을 갈망하는 우리들은 무엇을 말하고, 어떻게 행동해야 할까요?

우리는 마태복음 24장 43~44절에서 "너희도 아는 바니 만일 집 주인이 도둑이 어느 시각에 올 줄을 알았더라면 깨어 있어 그 집을 뚫지 못하게 하였으리라 이러므로 너희도 준비하고 있으라 생각하지 않은 때에 인자가 오리라"는 말씀을 기억해야 합니다.

첫째, 예수님의 재림은 사람이 (　　　)할 수 없습니다.

성경은, 예수님의 재림에 대해 분명히 말합니다. 이 시기는 그 누구

- 정답 : 판단

20

도 알지 못하며, 판단할 수도 없다고 말입니다.

"그러므로 때가 이르기 전 곧 주께서 오시기까지 아무 것도 판단하지 말라 그가 어둠에 감추인 것들을 드러내고 마음의 뜻을 나타내시리니 그 때에 각 사람에게 하나님으로부터 칭찬이 있으리라"(고전4:5)

여기서 '판단'은 헬라어 '크리노테'라는 단어를 번역한 말입니다. 이 단어는 '마음으로 결정하다', '결론을 짓다', 혹은 사법상으로 '판결하다'라는 뜻을 가지고 있습니다.

종합하자면, 판단이라는 것은 나 자신의 기준으로 결론을 내린다는 뜻입니다. 그런데 재림은 예수님의 뜻에 달려있기 때문에 결코 사람이 판단할 수 있는 영역이 아닙니다. 그래서 우리는 어떤 특정한 시기(날짜)가 아니라, 역설적으로 '알 수 없다'는 사실 하나만 알고 있을 뿐입니다. 이렇게 판단하는 대신 우리가 해야 할 일은, 진리의 영과 거짓의 영을 분별하는 것입니다(요일4:6). 바람에 날리듯 부유하는 말들에 휩쓸리지 말고, 하나님의 말씀을 기준으로 분별할 수 있어야 합니다.

둘째, 우리는 예수님을 맞이할 (   )를 해야 합니다.

사실, 재림에 대한 질문이 예수님께 향하지 않고, 우리에게로 향하는 것이 바람직합니다. 예수님이 '언제' 오시냐가 아니라, 우리가 '어떻게' 맞이하느냐 하는 것이지요.

예수님이 오시는 시기를 인간의 추측으로 가늠하는 데에 시간을 낭비하지 말고, 묵묵히 말씀을 따라 진리가 아닌 것들을 분별하면서 예수님 맞을 준비를 하고 있어야 합니다.

바울 역시 재림이 곧 가까웠다고 믿으면서도 고린도 성도들에게는 다만 마음의 흐트러짐 없이 오직 주님만을 섬기라고 권면했습니다(고전 7:35).

• 정답 : 준비

이것이 진실로 지혜로운 성도들의 모습입니다.

우리도 예수님의 재림을 소망하되, 우리가 있는 자리에서 말씀으로 분별하며 이 시대를 살아가야겠습니다.

○말씀과 함께 하는 나눔 [koinonia]

1. 설교 본문을 한번 더 읽고 말씀이 주는 은혜를 나눠봅시다.

2. 성경은 예수님의 재림에 대해 어떻게 말하고 있는지 나눠봅시다.

3. 예수님의 재림을 갈망하는 우리가 가져야할 자세는 무엇인지 나눠보고, 혼란한 이 시대 속에서 말씀으로 분별할 수 있는 자가 되게 해달라고 함께 기도합시다.

기도나누기

6. 예수님은 분명 다시 오십니다

• 본문 | 데살로니가후서 1장 7~9절
• 찬송 | 452장, 453장, 251장

성경은 예수님께서 분명 다시오신다 기록하고 있습니다. 우리의 신앙은 다시오실 주님을 사모하는 신앙이 되어야 합니다. 그렇다면 예수님은 다시 오실 때 과연 어떤 모습으로 오십니까?

첫째, 예수님은 큰 (　　　)과 큰 (　　　)으로 모든 사람에게 공개적으로 오십니다.

누구나 예외 없이 다시 오시는 주님을 두 눈으로 보게 될 것을 말씀하고 계십니다. 부활하신 예수님은 40일 동안 제자들을 가르치셨습니다. 그리고 이후 감람산에 모이게 하셨습니다. 복음전파의 사명을 전하시고, 제자들이 보는 앞에서 하늘로 승천하십니다.

구름 끝까지 올라 가려지는 모습을 제자들이 쳐다보고 있을 때, 흰옷 입은 두 사람이 "예수님은 그 모습 그대로 다시 오신다" 말하고 있습니다(행 1:9-11).

"...너희 가운데서 하늘로 올려지신 이 예수는 하늘로 가심을 본 그대로 오시리라..."(행1:11) 말씀하셨습니다.

마태복음에는 예수님의 재림을 조금 더 구체적으로 묘사하고 있습니다(마 24:30; 26:64). "그 때에 인자의 징조가 하늘에서 보이겠고 그 때에 땅의 모든 족속들이 통곡하며 그들이 인자가 구름을 타고 능력과 큰 영광으로 오는 것을 보리라"(마24:30)

• 정답 : 능력, 영광,

요한계시록 1장 7절 말씀에도 보면, "볼지어다 그가 구름을 타고 오시리라 각 사람의 눈이 그를 보겠고 그를 찌른 자들도 볼 것이요 땅에 있는 모든 족속이 그로 말미암아 애곡하리니 그러하리라 아멘"(계 1:7)

그렇다면 예수님의 재림은 인류에 어느 정도 영향을 미치는 사건입니까? 한마디로 예수님의 재림은, 전 인류적인 사건입니다. 예수님이 다시 오시는 목적을 믿는 자들은 다 예수님의 재림에 영향을 받게 됩니다. "각 사람의 눈이 그를 보겠고"(계1:7)

"모든 사람이 예수님의 재림의 모습을 보게 될 것이라" 말씀하고 있습니다. 예수님이 베들레헴에서 탄생한 초림에는, 동방박사나 양치는 목자 등 소수의 몇 사람만 예수님의 탄생을 알게 되었지만 예수님의 재림 때는 전 세계적으로 공개돼 모두가 볼 수 있게 오십니다.

예수님께서 재림하신다는 것은 곧 세상 모든 사람들이 다 예수님의 심판권 아래 놓이게 됨을 의미하기도 합니다. 그렇다면 예수님은 왜 또다시 오십니까? 오시는 목적이 무엇입니까? 예수님의 재림은 믿는 자들을 구원하시기 위해 오십니다.

히브리서 9장 28절에 "...죄와 상관 없이 자기를 바라는 자들에게 두 번째 나타나시리라"(히9:28) 즉 예수님의 다시 오심은 죄와 상관없이 자기를 바라는 자들, 다시 말해 믿음의 성도들을 위해 오시는 것입니다. 한마디로 성도들은 구원하시기 위해, 불신자는 심판하시기 위해 오시는 것입니다. 또한 모든 원수를 멸하시기 위해서 오십니다(고전 15:25-26).

고전 15장 25~26절 말씀에 "그가 모든 원수를 그 발 아래에 둘 때까지 반드시 왕 노릇 하시리니 맨 나중에 멸망 받을 원수는 사망이니라"

예수님은 분명 다시 오십니다. 우리는, 주님께서는 반드시 다시 오신다는 사실을 먼저 확신하고 사모하며 기도해야 할 것입니다.

"만물의 마지막이 가까이 왔으니 그러므로 너희는 정신을 차리고 근신

하여 기도하라"(벧전 4:7)

"이러므로 너희도 준비하고 있으라 생각하지 않은 때에 인자가 오리라"(마24:44)

베드로후서 3장 12절 말씀에 "하나님의 날이 임하기를 바라보고 간절히 사모하라..."(벧후 3:12) 또한 예수님이 재림하시는 그날까지 끝까지 인내하며 우리의 믿음을 지켜야 할 것입니다.(살후 3:5; 약 5:7-8)

"주께서 너희 마음을 인도하여 하나님의 사랑과 그리스도의 인내에 들어가게 하시기를 원하노라"(살후3:5) 예수님은 분명 다시 오십니다.

사랑하는 성도여러분, 다시 오시는 주님을 기대하고 기도하며 신앙생활하시는 저와 여러분이 되기를 간절히 바랍니다.

○말씀과 함께 하는 나눔 [koinonia]

1. 설교 본문을 한번 더 읽고 말씀이 주는 은혜를 나눠봅시다.

2. 예수님께서 재림하시는 이유는 무엇입니까? 또한 어떻게 오신다고 하셨습니까?

3. 종말론자들이 주장하는 예수님의 재림에 대해 이야기 나눠보고 그것이 성경적인지 아닌지, 무엇이 문제인지 이야기 나눠봅시다.

기도나누기

7. 시험을 당하거든 오히려 기뻐하라

- 본문 | 야고보서 1장 1~3절
- 찬송 | 406장, 461장, 419장

야고보는 오늘 본문을 통해 시험을 당할 때 어떻게 하라 기록하고 있습니까?

첫째, 시험을 당하거든 오히려 (   )고 합니다.

"내 형제들아 너희가 여러 가지 시험을 당하거든 온전히 기쁘게 여기라 이는 너희 믿음의 시련이 인내를 만들어 내는 줄 너희가 앎이라"(약1:2~3)

여기서 '시험을 당하거든' 이라고 말하는데 '시험'은 '페이라스모이' 라는 단어인데, 이 시험은 내부로부터 오는 사람들의 생각이나 죄의 유혹이나 이와 관련된 시련을 말하는 게 아니라, 외부로부터 비롯되는 시험을 말합니다.

또한 '당하거든'은 헬라어 '페리페세테'로 '한 가운데로 떨어지다'라는 뜻을 가지고 있습니다. 다시 말해 외부로부터 오는 시험이 내 삶의 한가운데에 떨어졌다는 단어적인 뜻을 가지고 있습니다.

여기서 말하는 시험은 현실가운데 직면한, 바로 눈앞에 다가온 믿음의 시험이나 시련을 말하는 것입니다. 즉 다른 환경적인 시험이나 고난을 말하는 게 아니고, 믿음으로 인해 핍박받는 것을 말합니다.

믿음의 시련이 무엇입니까? 예수를 믿는다는 이유로 박해받는 것을 말합니다. 시험에 무릎 꿇어서는 절대 안 되지만, 시험에 패배했다 할

- 정답 : 기뻐하라

지라도 하나님께서는, 다시 일어설 기회를 반드시 주신다는 사실을 믿으시기 바랍니다. 그래서 기뻐하라는 것입니다.

야고보 사도는 오랫동안 한 교회에서 목회를 해온 목회자였기에 목회자다운 위로와 권면을 하고 있는 것입니다.

또 한 가지 기억해야 할 것은 시험을 당했을 때 오히려 기뻐하라고 한 말은 결코 자기 상황의 역설이 아니라는 사실입니다. 진짜 시험이 오면 기뻐해야한다는 말입니다.

좌절하거나 포기하지 말고, 시험을 당한다고 생각한다면 오히려 그것을 믿음의 기회로 삼으라는 것입니다. 우리는 굳이 성경을 찾지 않더라도, 생활가운데에서 실제로 고난 후에 더 큰 축복이 임하고 있음을 얼마든지 신앙의 간증으로 듣습니다.

시험은 하나님의 분명한 뜻을 보여주고 있습니다. 바울도 로마서에서 시험에 대해 이렇게 말합니다.

"다만 이뿐 아니라 우리가 환난 중에도 즐거워하나니 이는 환난은 인내를, 내는 연단을, 연단은 소망을 이루는 줄 앎이로다.."(롬5:3~4)

시험은 이런 외적이거나 환경적인 시험이 있지만, 사실 그보다 더 큰 시험은 우리 마음의 시험입니다.

내가 믿음으로 살려는 노력을 하지 않고 몸부림치지 않는다면, 믿음의 길로 걸어가려 하지 않고 자꾸 주저앉으려하고 눕고만 싶어집니다. 즉 영적으로 게을러지는 것입니다.

그렇기에 믿음의 노력을 더욱더 기울이시기 바랍니다.

내 믿음 지키는 것이 참 큰일입니다. 어떤 시험이 와도 두려워하지 마시고 믿음의 끈을 붙잡고 이겨내시기 바랍니다. 또한 시험이 와도 기뻐하시기 바랍니다.

이것은 내 상황에 대한 역설적인 행동이 아닙니다. 고난을 오히려 기뻐하며 믿음으로 승리하시기 바랍니다.

○ 말씀과 함께 하는 나눔 [koinonia]

1. 설교 본문을 한번 더 읽고 말씀이 주는 은혜를 나눠봅시다.

2. 야고보가 '시험을 당할 때 오히려 기뻐하라'고 말한 이유가 무엇입니까?

3. 시험을 당한 적이 있습니까? 그 시험을 어떻게 대처했습니까? 서로 이야기를 나눠봅시다.

기도나누기

8. 교회는 영적인 힘과 지도력이 있어야 한다

- 본문 | 사도행전 16장 1~15절
- 찬송 | 252장, 286장, 421장

사도들에 의해 교회가 세워지고 복음이 확장되는 시점에 교회의 역사상 처음으로 교회 총회가 열리게 됩니다. 바로 예루살렘 회의입니다. 예루살렘 회의의 후속조치를 통해 오늘날 우리 교회가 가져야 할, 배워야 할 신앙의 바른 모습이 무엇인지 살펴보고자 합니다.

첫째, 교회는 영적인 힘과 (   )이 있어야 합니다.

교회다운 교회는 세상에 휩쓸리지 않고, 세속화되지 않는 교회입니다. 이런 교회가 곧 영적인 힘이 있는 교회인 동시에 지도력이 있는 교회입니다. 당시 예루살렘교회는 영적 권위가 있었으며, 탁월한 지도력이 있었습니다. 24절에 '들은즉 우리 가운데서 어떤 사람들이 우리의 지시도 없이 나가서 말로 너희를 괴롭게 하고 마음을 혼란하게 한다 하기로'

여기서 '우리의 지시도 없이'라는 말속에는 이방인 교회들이 직간접적으로 예루살렘교회에 큰 영향을 받고 있었다는 사실을 확인할 수 있는 문구입니다. 그렇다면 예루살렘교회가 왜 본부교회로서의 역할을 감당했습니까? 당시 교회의 권위는 사도들의 권위에 의해 지탱되었다고 해도 과언이 아닙니다. 영적 지도력이 사도들에 의해 나타났던 것입니다.

근본 바탕은 바로 예수님의 제자라는 신뢰와 믿음이 초기 기독교의 바탕이었습니다. 사도들은 예수님을 각인시키는 산 증인들이었습니다.

- 정답 : 지도력

또한 그 사도의 권위에 걸맞게 하나님은 사도들에게 놀라운 기적의 권능을 많이 나타나게 하셨습니다. 하나님의 권능이 머물러 있는 것, 이것이 영적인 힘이요, 하나님이 주신 지도력입니다.

둘째, (　　　)이 중요합니다.

영성을 회복하고, 지도력이 살아있는 교회로 거듭나려면 서로 노력해야 합니다. 16장에는 이런 중요한 한 사람을 소개하는 것부터 시작됩니다. 바로 '디모데'라는 제자에 대한 소개입니다.

1절에 "바울이 더베와 루스드라에도 이르매 거기 디모데라 하는 제자가 있으니 그 어머니는 믿는 유대 여자요 아버지는 헬라인이라"

디모데는 어려서부터 제대로 된 성경교육을 받고 자랐습니다.

디모데후서 3장 15절에 "또 어려서부터 성경을 알았나니 성경은 능히 너로 하여금 그리스도 예수 안에 있는 믿음으로 말미암아 구원에 이르는 지혜가 있게 하느니라"

디모데는 예수를 믿기 전부터 이미 신앙 좋은 유대인 어머니 유니게를 통해 성경을 알고 하나님 말씀을 배우며 성장했습니다. 그런데 디모데와 함께 선교여행을 떠나려는데 바울은 디모데에게 할례를 행합니다.

15장에 예루살렘 회의는 할례 없이도 차별치 않으시는 하나님의 은혜가 예수그리스도로 인해 구원에 이르게 한다는 선언을 이끌어냈습니다.

이런 결과를 이끌어낸 가장 중심에 선 자가 누굽니까? 바로 바울입니다. 그랬던 바울이 본인 스스로도 폐기한 이 할례 의식을 왜 디모데에게 행한 것일까요? 고린도전서 9장 20절에 "유대인들에게 내가 유대인과 같이 된 것은 유대인들을 얻고자 함이요 율법 아래에 있는 자들에게는 내가 율법 아래에 있지 아니하나 율법 아래에 있는 자 같이 된 것은 율법 아래에 있는 자들을 얻고자 함이요"

이 기록을 통해 바울은 디모데가 이방인이라는 비난을 받지 않고 순조

• 정답 : 사람

롭게 복음을 전하는 자로 만들고 싶었던 것입니다.

디모데가 유대인들에게 힘 있고 자신 있게 복음전도자로 사명을 잘 감당하려면 최소한 당시 이런 부분에 있어서 책잡힐 일을 만들지 않는 게 좋겠다고 바울은 판단했던 것입니다.

그렇게 할례를 행하고 4절에 "여러 성으로 다녀 갈 때에 예루살렘에 있는 사도와 장로들이 작정한 규례를 그들에게 주어 지키게 하니 이에 여러 교회가 믿음이 더 굳건해지고 수가 날마다 늘어가니라"라고 하였습니다.

교회가 굳건히 서고 부흥되기 위해서는 영적인 힘과 지도력이 있어야 합니다. 그렇지 못한 한국 교회의 현실에 아파하십시오. 한국교회가 살아남을 유일한 길은 예루살렘교회같이 하늘로부터 오는 영적인 힘과 영적 지도력을 다시금 회복하는 것입니다.

○ 말씀과 함께 하는 나눔 [koinonia]

1. 설교 본문을 한번 더 읽고 말씀이 주는 은혜를 나눠봅시다.

2. 예루살렘은 당시 어떤 영향력을 주는 교회였습니까? 또한 바울이 디모데에게 할례를 행한 이유가 무엇입니까?

3. 우리교회가 영적인 힘과 지도력을 갖춘 교회로 성장하려면 어떤 노력을 기울여야 할지 이야기를 나눠봅시다.

기도나누기

9. 참고, 대적하라

- 본문 | 야고보서 1장 12~18절
- 찬송 | 221장, 222장, 249장

우리 믿는 자들은 늘 시험을 이기고 승리하는 삶을 살아야 할 것입니다. 그렇다면 이 시험은 누가 주는 것일까요? 물론 시험은 사단이 줍니다. 하지만 하나님께서도 우리를 시험하신다는 사실을 기억하시기 바랍니다. 그렇다면 사단이 주는 시험과 하나님이 주는 시험은 어떻게 다를까요?

사단이 주는 시험은 넘어뜨리고, 망하게 하는 시험입니다. 반대로 하나님이 주시는 시험은 더 큰 믿음을 심어주시기 위한 일종의 테스트입니다. 성경은 그에 따른 대처법도 소개하고 있습니다.

첫째, (　　　)이 주시는 시험이 있습니다.

성경은, 하나님이 주시는 시험에 대해 참으라, 인내하라, 견디라 말씀하십니다. 12절 말씀에 "시험을 참는 자는 복이 있나니 이는 시련을 견디어 낸 자가 주께서 자기를 사랑하는 자들에게 약속하신 생명의 면류관을 얻을 것이기 때문이라"(약1:12) 기록하고 있습니다.

면류관은 '스테파논'이라 하는데 마라톤 같은 경기에서 이기면 월계수 관을 씌우지요? 원래 '스테파논'이라는 단어는 운동경기에서 승리한 자에게 주는 면류관을 말합니다.

둘째, (　　　)이 주는 시험이 있습니다.

이에 대한 우리의 대처방법은 대적하는 것입니다. 사단의 시험은 죽

• 정답 : 하나님, 사단

이고 멸망시키고 넘어뜨리려는 시험입니다. 영적으로 민감하지 않으면, 이것이 나를 무너뜨리려고 사단이 주는 시험인지 모르게 됩니다. 에베소서 6장 11절 말씀에 "마귀의 간계를 능히 대적하기 위하여 하나님의 전신 갑주를 입으라"고 기록하고 있습니다. 여기서도 마귀를 대적하라고 기록하고 있습니다. 대항하여 싸우라는 것입니다.

셋째, 시험을 당할 때 우리는 하나님께 (   )를 구해야 할 것입니다.

하나님의 지혜를 구하라는 것은, 기도하라는 말입니다. 야고보는 하나님의 지혜를 구함에 있어서 조금도 의심 없이 간구해야 할 것을 말하고 있습니다.

6절 말씀에 "오직 믿음으로 구하고 조금도 의심하지 말라…"(약1:6)

예수님께서도 의심하지 않는 믿음이 얼마나 대단한지 말씀하셨습니다. "예수께서 대답하여 이르시되 내가 진실로 너희에게 이르노니 만일 너희가 믿음이 있고 의심하지 아니하면 이 무화과나무에게 된 이런 일만 할 뿐 아니라 이 산더러 들려 바다에 던져지라 하여도 될 것이요 너희가 기도할 때에 무엇이든지 믿고 구하는 것은 다 받으리라 하시니라"(마 21:21~22)

믿음은, 지혜를 구하는 자들에게 하나님께서 반드시 응답해주신다는 약속을 확신하고 신뢰해야 합니다. 그렇다면 오늘 말씀에서 시험당하는 이유가 무엇이라 말하고 있습니까?

넷째, 야고보는 시험받는 이유는 자기 (   ) 때문이라 말하고 있습니다.

14~15절 말씀에 "오직 각 사람이 시험을 받는 것은 자기 욕심에 끌려 미혹됨이니 욕심이 잉태한즉 죄를 낳고 죄가 장성한즉 사망을 낳느니라"(약

• 정답 : 지혜, 욕심

1:14~15) 여기서 '미혹됨'은 헬라어 '델레아조메노스'라는 단어로 문자적으로는 '미끼로 고기를 꿰어내다' '올가미로 사냥하다'를 의미하는 말입니다. 사람들의 유혹을 받는 것은 마치 물고기가 자기 앞에 놓인 낚시 바늘에 물려 이리저리로 이끌려 다니는 모습과 같은 것입니다.

야고보는 인간의 욕심을 갖기 시작할 때부터 죄가 싹트고 결국 사망에 까지 이른다고 강조하고 있습니다.

사랑하는 성도 여러분, 우리가 이 세상에 살 동안 시험을 당할 수밖에 없습니다. 하지만 시험을 두려워하지 마십시오. 피하지 마십시오. 이미 우리는 승리하게 되었습니다. 성경은 그것을 선언하고 있습니다.

○말씀과 함께 하는 **나눔** [koinonia]

1. 설교 본문을 한번 더 읽고 말씀이 주는 은혜를 나눠봅시다.

2. 시험을 당할 때 필요한 것은 무엇입니까? 이야기를 나눠봅시다.

3. 시험을 당한 적이 있습니까? 그 시험을 어떻게 대처했습니까? 서로 이야기를 나눠봅시다.

기도나누기

10. 믿음의 실천은 예수님을 흉내내는 일로부터 시작된다

- 본문 | 로마서 1장 16~17절
- 찬송 | 430장, 524장, 436장

믿음이란 무엇일까요? 오늘 본문을 통해 살펴보고자 합니다.

첫째, 믿음의 중심은 복음을 전파하려는 (　　)와 (　　)으로 채워집니다.

믿음은 예수님을 다시 만나는 데부터 시작됩니다. 제자들이 담대히 믿음을 전할 수 있었던 동력이 무엇입니까? 다시 예수님을 만났기 때문이었습니다. 십자가 사건이후 뿔뿔이 흩어졌던 제자들을 믿음으로 하나로 묶어 주신 분이 바로 다름 아닌 예수님이셨습니다.

만약 부활하신 예수님께서 직접 나타나셔서 저들에게 보이지 않으셨다면 사명 감당했을까요? 아마도 감당 못했을 것입니다.

이 시대를 살아가는 우리도 다시 주님을 만나야 합니다. 내 신앙에 확신이 없고 삶속의 일들도 제대로 풀리지 않고 마음이 늘 심란하다면 주님을 만난 이후로 또 다시 주님을 만나지 못하고 있는 것입니다.

둘째, 복음은 하나님의 능력이고 믿음은 하나님의 능력을 (　　)하는 유일한 방법이 됩니다.

바울은 믿음에 대해 뭐라 말하고 있습니까?

"믿음은 바라는 것들의 실상이요 보이지 않는 것들의 증거니..."(히11:1)

- 정답 : 의지, 노력, 쟁취

바울은 믿음에 대해 두 가지로 말하고 있음을 알 수 있습니다.

먼저 믿음은 바라는 것들의 실상이라고 말합니다. 또한 보이지 않는 것들의 증거라 말하고 있습니다.

로마서에서 바울은 복음과 믿음의 관계에 대해 설명하고 있는데, 복음은 하나님의 능력이 되고, 믿음은 하나님의 능력을 쟁취하는 유일한 방법이 된다는 사실을 말하고 있습니다.

죄로 인해 사망선고 받은 우리가 살 수 있는 유일한 방법은 하나님의 힘을 빌리는 일입니다. 하나님의 능력을 얻는 길입니다. 우리는 그 능력을 쟁취해야 살 수 있습니다. 바울은 그 하나님의 능력이 곧 '복음'이라 말하고 있습니다.

셋째, 믿음의 실천은 예수님을 (   )내는 일로부터 시작됩니다.

교회에 처음 나온 성도가 믿음이 들어갈 수 있는 길은, 무엇보다 교회에 나와 예배드리는 것뿐입니다. 이것이 믿음의 시작입니다.

야고보서 2장 26절에 "영혼 없는 몸이 죽은 것 같이 행함이 없는 믿음은 죽은 것이니라"(약2:26)

그 믿음의 행동은 100% 예수님께로부터 나와야 합니다. 믿음의 행함은 예수님을 흉내 내는 것부터 시작됩니다.예수님이 행한 대로 흉내 내며 사십시오. 그러한 행동이 몸에 배게 된다면 곧 진심으로 행하는 '믿음의 행함'이 생겨난다고 생각합니다.

제자들은 예수님이 행한 대로 실천하며 복음을 전했습니다. 스데반이 돌에 맞아 순교 당하는 그때에 무엇이라 말합니까?

"그들이 돌로 스데반을 치니 스데반이 부르짖어 이르되 주 예수여 내 영혼을 받으시옵소서 하고 무릎을 꿇고 크게 불러 이르되 주여 이 죄를 그들에게 돌리지 마옵소서 이 말을 하고 자니라"(행7:59~60)

• 정답 : 흉내

이 내용 어디서 많이 들으셨지요? 예수님께서 십자가에 달리신 채로 하신 말씀입니다.

"아버지여, 저들의 죄를 용서하소서. 내 영혼을 부탁드립니다."

즉 스데반의 이 말은 예수님께서도 하셨던 말씀입니다. 하지만 스데반은 단순히 흉내 낸 것이 아니라 정말 가슴속 깊은 곳에서 나오는 용서의 마음이 있었을 것입니다.

우리 기독교는 보복의 종교가 아니라 사랑과 용서의 종교입니다. 형제를 일곱 번씩 일흔 번까지 용서하라 하셨고, 왼뺨을 치면 오른뺨도 돌려대라 하셨습니다. 심지어 원수까지 사랑하라고 말씀하셨습니다. 이것이 믿음의 행동입니다.

○ 말씀과 함께 하는 나눔 [koinonia]

1. 설교 본문을 한번 더 읽고 말씀이 주는 은혜를 나눠봅시다.

2. 믿음의 중심은 복음을 전파하려는 의지와 노력으로 채워집니다. 우리의 의지와 노력은 어떤 것이 있을지 나눠봅시다.

3. 바울(히11:1)과 야고보의 믿음(약2:26)에 대해 서로 이야기를 나눠봅시다.

기도나누기

11. 예수님의 재림을 사모하는 믿음

· 본문 | 누가복음 18장 1~8절
· 찬송 | 384장, 390장, 391장

이 시대를 사는 우리에게 필요한 믿음은 과연 어떤 믿음이 되어야 합니까? 초대교회와 마찬가지로 예수님의 재림을 사모하는 마라나타의 신앙이 되어야 할 것입니다.

그렇다면 이 마라나타의 신앙은 어떤 믿음이어야 합니까?

첫째, (　　　　)하는 믿음이어야 합니다.

오늘 말씀에는 불의한 재판장의 비유가 나옵니다.

1절에 "...항상 기도하고 낙심하지 말아야 할 것을 비유로 말씀하여"

예수님께서 왜 불의한 재판장의 비유를 하셨는지 두 가지 이유가 나타나있습니다. 항상 기도할 것과 낙심하지 말아야 할 것을 쉽게 이해시키기 위해 비유로 말씀하신 것입니다. 언뜻 생각해보면 불의한 재판장의 비유는 끈질긴 기도의 필요성이나 끝까지 인내하고 부르짖는 끈질긴 신앙에 대해서 비유로 말씀하신 것 같습니다. 맞습니다.

하지만 이 비유는 예수님의 재림을 사모하며 끝까지 인내하는 믿음을 가져야 한다는 내용도 포함하고 있습니다.

성경은 항상 주님이 오시는 그날까지 기도하라 말씀하고 계십니다.

그렇다면 이 재판관은 어떤 자였습니까?

2절에 보면 "하나님을 두려워하지 않고 사람을 무시하는 한 재판장"이라 말하고 있습니다. 그런데 그런 불의한 재판관에게 어느 날 한 과부

· 정답 : 인내

38

가 와서 "내 원수에 대한 나의 원한을 풀어주소서"(3절)하면서 귀찮게 했다는 것입니다.

이 재판관은 아예 그 과부의 말을 듣지 않았다고 성경은 기록하고 있습니다. 그런데 이 과부는 매일 와서 "제발 이 원한을 풀어 달라"며 울며불며 호소합니다. 재판관을 너무도 귀찮게 합니다.

결국 불의한 재판장이 백기를 듭니다. 예수님은 그 불의한 재판장의 이야기를 하시면서 불의한 재판장도 이렇게 부르짖어 번거롭게 했더니 그 과부의 소원을 들어주는데, 하물며 하나님은 어떠하시겠냐는 것입니다. 이 불의한 재판장의 비유의 교훈은 바로 세상 끝까지 인내하여 이어지는 그런 믿음을 교훈하고 있습니다.

8절에 "...인자가 올 때에 세상에서 믿음을 보겠느냐"고 하신 말씀에서 그 의미를 확인할 수 있습니다. 마지막까지, 주님오시는 그날까지 인내하시며 내 믿음 지키시기 바랍니다.

둘째, (　　　　　　) 믿음이어야 합니다.

복음을 복음으로 바로 못 보게 하고, 속이려는 세력이 지금 얼마나 많은지 모릅니다. 속지 말아야 합니다.

특별히 예수님의 재림에는 많은 논란이 있습니다. 논란이라기보다는 혼란이 있습니다. 문제는 이렇게 예수님께서 분명히 말씀하셨지만 혼란들이 있을 것 같아 주님은 뭐라고 말씀하셨습니까?

"그러나 그 날과 그 때는 아무도 모르나니 하늘의 천사들도, 아들도 모르고 오직 아버지만 아시느니라"(마25:36)

그날과 그때는 아무도 모른다 하셨는데 세상 사람들은 마치 자신이 다 아는 것처럼 그렇게 사람들을 현혹한다는 것입니다. 그래서 그런 그럴싸한 말에 현혹되지 말고 속지 말라는 것입니다. 세상이 점점 더

• 정답 : 속지 않는

발전됨에 따라 더 풍요롭고 더 편리한 삶을 살아가고 있는 지금 이 시대일수록 더욱더 재림의 신앙을 가지고 주님의 재림을 사모하고 기대하며 살아야 할 것입니다.

믿음을 지키는 일은 견고한 믿음의 뿌리를 내리는 일입니다. 마라나타의 신앙은 인내하는 믿음이어야 합니다. 또한 속지 않는 믿음이어야 하며, 내 믿음을 계속 시험하고 확증하는 믿음이어야 합니다. 마지막 주님의 재림을 사모하며 더욱 인내하고 참고 견디며 더욱더 믿음의 뿌리를 내리는 노력이 있어야 할 것입니다.

○ 말씀과 함께 하는 나눔 [koinonia]

1. 설교 본문을 한번 더 읽고 말씀이 주는 은혜를 나눠봅시다.

2. 마라나타 신앙은 어떤 믿음을 소유해야 하는지 찾아 두 가지로 이야기해봅시다.

3. 예수님의 재림과 관련된 이단들의 이야기를 듣거나, 알고 있는 부분이 있다면 이야기 나누어봅시다. 그리고 건전한 성경적인 종말관에 대해 이야기를 나눠봅시다.

기도나누기

12. 버릴 것과 소유할 것

- 본문 | 사도행전 3장 1~10절
- 찬송 | 270장, 369장, 440장

진정으로 나를 버리고 예수님께로 향하는 믿음을 소유하려면 어떻게 해야 할까요?

첫째, 버리십시오.

예수님의 진정한 자녀답게 행동하려면 내안에 가득 차있는 나 된 것을 하나하나 끄집어내어 버리시기 바랍니다. 한 부자청년이 예수님께 다가왔습니다. 이 청년은 모든 것을 다 지켰다고 자부합니다.

"그 청년이 이르되 이 모든 것을 내가 지키었사온데 아직도 무엇이 부족하니이까"

그때 예수님은 "네가 온전하고자 할진대 가서 네 소유를 팔아 가난한 자들에게 주라 그리하면 하늘에서 보화가 네게 있으리라 그리고 와서 나를 따르라 하시니"

네 소유를 팔아 가난한 자들에게 주라는 것은 무슨 말입니까?

'네가 가진 것을 버리라'는 것입니다. 그때 그 청년은 어땠습니까?

"그 청년이 재물이 많으므로 이 말씀을 듣고 근심하며 가니라" 라고 기록하고 있습니다.

여러분, 예수님은 네가 가진 소유물을 팔아서 가난한자를 도우라고만 말씀하신 게 아닙니다. 그렇게 비웠을 때 정말로 중요한 천국의 보화로 채워줄 것이라 말씀하고 계신 겁니다.

삭개오도 자신의 소유를 버리고자 했을 때 그의 집에 구원이 이르렀습니다.

"삭개오가 서서 주께 여짜오되 주여 보시옵소서 내 소유의 절반을 가난한 자들에게 주겠사오며 만일 누구의 것을 속여 빼앗은 일이 있으면 네 갑절이나 갚겠나이다 예수께서 이르시되 오늘 구원이 이 집에 이르렀으니 이 사람도 아브라함의 자손임이로다 인자가 온 것은 잃어버린 자를 찾아 구원하려 함이니라"(눅19:8~10)

둘째, 채우십시오.

내 안에 가득한 세속적인 나를 버려야 하지만 반드시 소유해야 할 것이 있습니다. 반드시 채워야 할 것이 있습니다. 그것은 복음입니다.

셋째, 나누십시오.

우리에게 소중한 것이 무엇입니까? 예수입니다. 예수님의 복음을 나누어야 합니다.

사도행전 3장에 요한과 베드로가 성전에 올라가고 있었습니다. 그때 성전 미문에 구걸하고 있던 한 앉은뱅이가 있었습니다. 요한과 베드로가 다가오자 소리치며 도와달라고 하였습니다. 요한과 베드로는 세상적으로는 아무것도 없었습니다. 하지만 그에게 오직 예수이름의 권능이 있었습니다.

앉은뱅이가 구걸하자 베드로는 "은과 금은 내게 없지만 내게 있는 것으로 네게 주겠다고 말합니다. 지금 동전 몇 닢조차 줄 수 없는 상황이지만 그것과는 비교할 수도 없는 내가 소유한, 내게 있는 것으로 네게 주겠다." 그것, 내게 있는 그것이 무엇이었습니까? 바로 예수 그리스도의 능력이었습니다.

"곧 나사렛 예수 이름으로 일어나 걸으라" 하자 그 앉은뱅이는 다리에 힘을 얻고 일어나 걸었고 뛰었고 하나님을 찬양하기까지 했습니다. 세상의 썩은 가치를 내버리시고, 오직 내 안에 예수를 나누십시오.

예수의 복음을, 예수의 능력과 권세를 세상 사람들에게 전하십시오. 내가 전한 예수는 능력으로 되돌아옵니다. 이것이 진정한 소유입니다. 우리는 예수님을 알리는 안내자가 되어야 합니다.

예수님을 알리는 것, 이것이 나누는 것입니다. 내속의 내 것을 버리십시오. 그리고 그리스도의 복음으로 채우십시오. 그 복음을 나누십시오. 안내자가 되십시오. 이것이 우리 믿는 자들이 해야 할 신앙의 바른 자세이자 실천해야 할 행동강령입니다.

○ 말씀과 함께 하는 **나눔** [koinonia]

1. 설교 본문을 한번 더 읽고 말씀이 주는 은혜를 나눠봅시다.

2. 요약 설교를 읽고 내가 버릴 것과 나눌 것을 서로 이야기해봅시다.

3. 어떻게 전도해야 하나님의 복음을 온전히 나눌 수 있을까요? 이야기를 나눠봅시다.

기도나누기

13. 차별하지 말고 최고의 법을 지키라

- 본문 | 야고보서 2장 1~13절
- 찬송 | 430장, 436장, 445장

초대교회도 오늘날의 교회의 모임과 다르지 않게 다양한 사람들이 공존했던 공동체였습니다. 다양한 사람들이 모인 공동체였기에 불화하고, 쉽게 해결 할 수 없는 무거운 문제와 짐이 있었습니다.

가난과 부, 혹은 아름다움과 추함이 맞물린 혼란스러운 경계에 자리하고 있던 것입니다.

본문은 이런 예루살렘 교회를 향하여 던지는 야고보 사도의 메시지입니다. 이 말씀을 통해 오늘날의 교회는 무엇을 갖춰야 할까요?

첫째, 하나님의 (   )을 지키는 행위가 있어야 합니다.

"만일 너희 회당(쉬나고겐)에 금 가락지를 끼고 아름다운 옷을 입은 사람이 들어오고 또 남루한 옷을 입은 가난한 사람이 들어올 때에 너희가 아름다운 옷을 입은 자를 눈여겨 보고 말하되 여기 좋은 자리에 앉으소서 하고 또 가난한 자에게 말하되 너는 거기 서 있든지 내 발등상 아래에 앉으라 하면"(2~3절)

당시 교회 안에는 금가락지를 끼고 아름다운 옷을 입은 사람과, 정반대로 초라하고 남루한 행색의 사람이 있었습니다. 그런데 문제는 겉모습이 확연하게 다른 사람들이 한 공간에 있었다는 사실 자체가 아니라, 그들을 뚜렷이 구분하는 시선에 있었습니다.

결국 세상의 문제가 교회 안에도 그대로 들어오게 된 것입니다. 야고보는 이러한 태도에 대해 죄가 들어오게 하는 요인이자 하나님의 법을 부정하는 행위라고 서슴없이 말합니다.

그러면서 그는 이 문제를 극복하기 위한 해결책으로 '하나님의 법'을 지키는 행위에 대하여 말합니다.

둘째, 교회의 최고의 법인 (　　　　)의 법이 있어야 합니다.

"너희가 만일 성경에 기록된 대로 네 이웃 사랑하기를 네 몸과 같이 하라 하신 최고의 법을 지키면 잘하는 것이거니와"(8절)

야고보 사도는 가난한 사람을 차별하는 사람들을 향해 '최고의 법'을 지키라고 권면합니다. 여기서 야고보가 줄기차게 말하는 성경 최고의 법은 바로 '네 이웃을 네 몸같이 사랑하는 것'입니다.

네 이웃을 네 몸같이 사랑하는 것은 타인을 긍휼한 마음으로 바라보는 것입니다. 우리는 긍휼의 마음을 지닐 때에 다른 이들과 더불어 사랑과 고락을 함께할 수 있습니다. 남을 불쌍히 여기는 순간, 그분도 나를 불쌍히 바라보신다는 사실을 기억해야 합니다.

셋째, (　　　　)은 곧 심판을 이긴다는 사실을 기억해야 합니다.

"너희는 자유의 율법대로 심판 받을 자처럼 말도 하고 행하기도 하라 긍휼을 행하지 아니하는 자에게는 긍휼 없는 심판이 있으리라 긍휼은 심판을 이기고 자랑하느니라"(약2:12~13)

말하고 행동하는 데 있어서 하나님의 법을 늘 기억해야 하는 이유는, 바로 그 법에 따라 우리도 심판받을 것이기 때문입니다. 자비를 베풀지 않는 사람에게는 하나님의 자비 없는 심판이 있을 것입니다.

반대로 가난하고 불쌍한 사람에게 자비와 사랑을 베풀었던 사람은 훗날 아무 두려움 없이 심판 날을 맞이하게 될 것입니다. 이것이 곧 '긍

• 정답 : 이웃사랑, 긍휼

휼은 심판을 이긴다.'는 말의 의미입니다.

하나님의 법에 충실하여 사람을 보이는 것에 따라 구분하지 말고, 있는 모습 그대로 사랑하고 보듬을 수 있는 성숙한 자들이 되어야 하겠습니다. 그 순간에 우리도 하나님의 풍성한 위로와 사랑을 받게 될 것입니다.

○말씀과 함께 하는 **나눔** [koinonia]

1. 설교 본문을 한번 더 읽고 말씀이 주는 은혜를 나눠봅시다.

2. 야고보가 말하는 '하나님의 법'은 무엇인지 본문에서 찾아봅시다.

3. 나도 모르게 남을 구분하여 판단한 일이 있으면 나눠보고, 긍휼한 마음을 품고 한 주를 살아가도록 기도합니다.

기도나누기

14. 십자가의 도

- 본문 | 고린도전서 1장 18절
- 찬송 | 135장, 143장, 151장

'종려주일'이라는 말은, 예수님께서 나귀 새끼를 타고 예루살렘에 입성하실 때, 많은 사람들이 종려나무가지를 흔들며, '호산나'를 외쳐 예수님을 환영한데서 그 유래를 찾을 수 있습니다.

오늘 본문에서 바울은 이렇게 말하고 있습니다.

"십자가의 도가 멸망하는 자들에게는 미련한 것이요 구원을 받는 우리에게는 하나님의 능력이라"(고전1:18)

여기서 '십자가의 도'란 무엇일까? 원문을 보면 이 '도'는 '로고스'입니다. 즉 '말씀'이라는 뜻이지만 로고스는 여러가지 의미가 있는 단어입니다. '하나님의 임재'의 뜻도 있고, '그리스도'라는 고유명사를 뜻하기도 합니다.

다시 말해 오늘 말씀에서 바울이 말한 십자가의 도라는 것은 어떤 무언가 덧붙여 담겨진 십자가의 교리가 아니라 단지 그리스도의 십자가를 말한다는 것입니다.

사도 바울이 전한 메시지의 핵심은 무엇입니까? 가장 최고의 주제가 무엇이었습니까? 바로, 예수님의 죽음과 십자가였습니다.

그래서 바울은 "내가 그리스도와 함께 십자가에 못 박혔나니 그런즉 이제 내가 산 것이 아니요, 내안에 오직 그리스도 사신 이것이라"고 말하고 있습니다.

또한 바울은 "유대인은 표적을 구하고 헬라인은 지혜를 찾으나 우리는 십자가에 못 박힌 그리스도를 전하니 유대인에게는 거리끼는 것이요 이방인에게는 미련한 것이로되 오직 부르심을 받은 자들에게는 유대인이나 헬라인이나 그리스도는 하나님의 능력이요 하나님의 지혜니라"(고전 1:22~24)고 말하고 있습니다.

그렇다면 그리스도의 십자가는 어떤 능력이 있습니까?

그리스도의 십자가는 우리를 (   )에서 다시 (   )시키는 능력이 있습니다.

예수님은 우리의 죄를 대신해서 십자가에 달려 죽으셨습니다. 이를 대속의 죽음이라고 말합니다. 십자가의 능력은 곧 우리를 살리는 능력입니다. 그렇다면 성경은, 우리에게 어떻게 살아가라고 말하고 있습니까? 바로, 예수님의 십자가를 지고 살아가라 말하고 있습니다.

마가복음 8장 34절 말씀에 "...누구든지 나를 따라오려거든 자기를 부인하고 자기 십자가를 지고 나를 따를 것이니라"(막8:34)

주님은 십자가를 지지 않는 자는 결코 당신의 제자가 될 수 없다고 명확히 말씀하고 계십니다. 그렇다면 언제 십자가를 지어야 합니까? 답은 '날마다'입니다. 우리가 날마다 소망 중에 살아야하듯 주님의 십자가도 날마다 지어야 합니다.

오늘날 이 땅에서 배부른 교회들이 들어서고, 오늘도 충만한 은혜를 받았다며 서로 인사하고 나누지만, 그럼에도 하나님의 뜻이 실현되지 않는 가장 근본적인 이유가 무엇입니까? 서로 십자가를 지지 않으려는 데 있습니다. 이 고난의 십자가를 지려하지 않고 어떻게 해서든지 잘라내려 하고, 좀 더 가벼운 부담감을 안으려 합니다.

그렇다면 십자가를 지지 않으려는 가장 중요한 이유는 무엇입니까? 그 십자가 뒤의 부활을 기억하지 못하는 데에 있습니다. 우리는 그리

• 정답 : 죽음, 부활

스도의 남은 고난을 그의 몸 된 교회를 위해서 내 육체에 채워야 합니다. 그것이 교회를 위해 고난의 십자가를 지고 가는 길입니다.

십자가는 마음으로 지는 것도 아니고, 말로 지는 것은 더더욱 아니며, 오직 육적으로 지는 것입니다. 지금 내 삶 가운데에서 말입니다.

여러분, 분명 그리스도의 십자가는 능력이 있습니다. 그 능력을 주안에서 누리십시오. 그와 더불어 주님의 '고난의 십자가'도 함께 짊어지십시오. 이 승리의 십자가가 여러분의 심령을 더욱더 강하게 하고, 큰 소망을 갖게 할 것입니다.

○ 말씀과 함께 하는 나눔 [koinonia]

1. 설교 본문을 한번 더 읽고 말씀이 주는 은혜를 나눠봅시다.

2. 오늘 본문을 통해 바울은 십자가와 부활에 대해 어떤 생각을 가지고 있었습니까? 서로 이야기해봅시다.

3. 나는 얼마나 주님의 십자가를 지려고 노력하고 있습니까? 또한 내게 있어서 가장 견디기 힘든 십자가는 무엇입니까? 서로 이야기 나눠봅시다.

기도나누기

15. 부활의 주님을 만나라

- 본문 | 요한복음 20장 19~31절
- 찬송 | 161장, 160장, 171장

요한복음 20장은 크게 세 부분으로 나누어 볼 수 있습니다.

첫 번째, '막달라 마리아'라는 여인과, 이름이 밝혀지지 않은 몇몇 여인들 그룹입니다. 두 번째, 제자들 그룹입니다. 세 번째, '도마'라는 제자입니다. 이들의 공통점은 부활하신 예수님을 만났다는 사실입니다. 부활하신 주님을 만난 다음에 그들은 완전히 다른 사람이 되었습니다.

첫째, 막달라 마리아는 슬픔에 빠져 있었던 사람입니다.

예수님께서 십자가에서 죽으신 이후 사흘째 되는 날 이른 아침에 마리아는 무덤으로 달려왔습니다. 그러나 마리아 앞에는 하늘이 무너지는 것 같은 일이 기다리고 있었습니다.

예수님의 시체가 온데간데없이 사라진 것입니다. 그래서 마리아는 슬픔을 눈물로 씻어 내며 울고 있었습니다(11절). 그때 무덤에서 홀로 울고 있는데 예수님이 그를 찾아 오셨습니다. 부활하신 주님을 만나자마자 마리아의 슬픔은 다 날아가 버리고, 슬픔이 변하여 기쁨이 되었습니다. 우리는 마리아처럼, 부활하셔서 살아 계시고 나를 찾으시는 예수님을 매순간마다 만나서 그분의 음성을 들어야 할 것입니다.

둘째, 예수님의 제자들입니다.

부활하신 예수님이 그들을 찾으셨습니다.

"샬롬, 너희에게 평강이 있을 지어다."

이 말을 듣고 정말로 예수님이 살아나셨는지 그의 옆구리와 손을 보고 그제서야 부활하신 예수님임을 믿고 기뻐하였다고 성경은 기록하고 있습니다. 그리고 곧바로 이들 제자들에게 하신 말씀은 성령을 받으라는 것이었습니다. 그들을 영적으로 무장시키신 것입니다.

그 결과, 제자들의 마음을 무겁게 짓누르며 고문하던 공포가 완전히 사라져버렸습니다. 그리고 담대해졌습니다. 그리스도로 인한 평안이 찾아왔습니다.

여러분, 부활 하셔서 오늘도 살아 계시고 나와 함께 인생을 걸어가시는 주님을 날마다 만나면 그 모든 공포를 쫓아낼 수 있다는 것입니다.

요한복음 16장 33절을 보십시오. "세상에서는 너희가 환난을 당하나."

세상에서는 우리가 고통을 당할 수도 있고, 실패 할 수 도 있고, 핍박을 받을 수도 있고, 또 어떤 때는 슬픔을 이기지 못하고, 공포에 짓눌려 고생할 때도 있습니다. 주님은 그 모든 상황을 인정하십니다.

그러나 그 다음에 무엇이라고 말씀하십니까?

"담대하라. 내가 세상을 이기었노라."

우리가 그 모든 상황에도 담대할 수 있는 한 가지 이유는 예수님이 세상을 이기셨기 때문입니다.

마지막으로 살펴볼 사람은 도마입니다.

그는 열 명의 제자들이 예수님을 만났을 때 무슨 일로 나갔는지, 나가고 없었습니다. 그래서 부활하신 주님을 못 만났습니다.

도마는 25절에 "다른 제자들이 그에게 이르되 우리가 주를 보았노라 하니 도마가 이르되 내가 그의 손의 못 자국을 보며 내 손가락을 그 못 자국에 넣으며 내 손을 그 옆구리에 넣어 보지 않고는 믿지 아니하겠노라 하니라" 하였습니다. 그렇게 의심 많았던 도마가 부활하신 주님을 만났습니다. 손에 있는 못 자국도 만져보았고, 옆구리에 있는 창에 찔린 자국도 만져보았습니다. 그제서야 "나의 주시며 나의 하나님이십니다." 라고 고백합니다. 우리는 다 도마와 같은 의심과, 믿지 못할 일들이 가득하다고 여길 때마다 예수님께서 도마에게 하신 말씀을 기억하시기 바랍니다. "믿음 없는 자가 되지 말고 믿는 자가 되라"(27절)

　사랑하는 성도여러분, 부활의 주님을 만나면 우리에게 변화가 일어납니다. 의심이 사라지고 확신이 찾아옵니다. 소망이 없는 자가 소망을 갖게 됩니다. 방황하는 자가 분명한 인생길을 걸어갈 수 있습니다. 이처럼 기쁜 날, 늘 부활의 주님을 기억하며 늘 기쁨의 간증이 쏟아지는 큰 믿음의 사람이 다 되시기 바랍니다.

○ 말씀과 함께 하는 나눔 [koinonia]

1. 설교 본문을 한번 더 읽고 말씀이 주는 은혜를 나눠봅시다.

2. 십자가에 달리시고 장사되신 이후 부활하셔서 제자들에게 나타나기까지의 상황을 이야기해봅시다.

3. 부활의 신앙을 갖는다는 것이 어떻게 신앙생활 하는 것일까요? 서로 이야기해봅시다.

　기도나누기

16. 나는 성령을 받았는가?

- 본문 | 사도행전 19장 1~20절
- 찬송 | 478장, 569장, 478장

여러분, 성령 받으셨습니까? 성령을 받는다는 것은 무엇입니까? 오늘 본문에서 바울은, 에베소에서 어떤 제자들을 만났다고 기록하고 있습니다. 그때 그들에게 "너희가 성령을 받았느냐?"고 물었더니 이들은 "우리는 성령이 계심도 듣지 못했노라"고 말하였습니다.

이처럼 바울이 말하는 성령 받음은, 곧 '성령세례'를 의미합니다. 여기서 중요한 것은 세례요한이 말했던 성령과 불의 세례를 주실 분은 오직 '예수그리스도'라는 점입니다. 이런 성령의 체험으로 인해 이들이 다 성령의 충만함을 받고 각기 다른 언어로 말하기 시작했습니다.

그러나 중요한 것은 무엇입니까? 성령임재의 증거입니다. 그리고 그것은 곧 마음의 증거입니다. 마음이 뜨거워지고, 말할 수 없는 기쁨이 넘치고, 다정히 옆에서 터치해주시는 성령님의 어루만져 주심을 느끼고, 경험하게 되는 것입니다. 곧 예수님의 사람으로 거듭나는 것을 말합니다.

두 번째로, 8~10절 말씀을 통해, 바울이 2년간 두란노서원의 말씀을 가르침으로 인해 에베소 지역에 어떤 변화가 있었는지 살펴보기 원합니다. 두란노 서원은 리더들의 말씀 훈련소였습니다. 처음에 바울은 유대인 회당에서 말씀을 가르쳤습니다.

그러나 9절에 "어떤 사람들은 마음이 굳어 순종하지 않고 무리 앞에서 이 도를 비방하거늘 바울이 그들을 떠나 제자들을 따로 세우고 두란노 서원에서 날마다 강론하니라" 하였습니다.

그래서 바울은, 진정으로 말씀에 사모함이 있는 자들을 따로 세웠습니다. 이처럼 바울이 두란노 서원에서 2년간 하나님의 말씀을 가르칠 때 제자들에게 큰 변화가 일어났습니다.

10절 말씀에 "두 해 동안 이같이 하니 아시아에 사는 자는 유대인이나 헬라인이나 다 주의 말씀을 듣더라" 하였습니다.

마지막으로 11~20절 말씀을 통해 예수 이름의 능력은 오직 믿음으로 나타난다는 사실을 기억하시기 바랍니다. 모든 능력은 오직 예수 안에서 나타납니다. 하나님은, 바울을 통해 하나님의 큰 능력이 나타나게 하셨습니다.

12절 말씀에 "심지어 사람들이 바울의 몸에서 손수건이나 앞치마를 가져다가 병든 사람에게 얹으면 그 병이 떠나고 악귀도 나가더라"

이런 기적의 역사는 그 당시 시대적인 상황과 지역적인 특성에 맞게 능력을 보이신 것이라고 생각합니다.

당시 에베소 지역은 마술과 미신의 본거지였습니다. 이런 지역에서 하나님의 역사하심을 당시 지역 사람들이 익숙한 상황을 통해 보여준 것입니다. 또한 믿음 없이 예수이름을 시험 삼아 사용하려했던 마술사들과 거짓 제사장의 내용이 나오는데 이들은 예수님 이름에 능력이 나타난다는 소문을 듣고 예수이름의 능력을 활용하려 했습니다.

사실 그들은 제사장을 빙자했던 일종의 사기꾼이었습니다. 저들이 주문처럼 말한 그 예수이름엔 아무런 능력도 나타나지 않았습니다. 왜 그랬겠습니까? 바로 믿음의 문제였던 것입니다. 우리는 이 사건을 통해 무엇을 알 수 있습니까? 귀신들조차도, 예수님을 빙자한다는 사실을 알고 있다는 점입니다.

제사장과 일곱 주술사의 이야기는 에베소 교회에 큰 파문을 던져주었습니다.

17~18절에 에베소에 사는 유대인과 헬라인들이 다 이일을 알고 두려워하여 주 예수이름을 높이었고, 믿음 있는 사람은 자복하고 회개하는 역사가 일어났다고 기록하고 있습니다. 마술을 행하던 사람들도 예수님의 능력 앞에 회개하였습니다.

예수이름의 진정한 능력은 이런 자복과 회개에 있습니다. 승리의 길을 주신 하나님을 의지하고, 말씀대로 순종하며, 비전을 향해 나아가는 저와 여러분이 되기를 소망합니다.

○ 말씀과 함께 하는 **나눔** [koinonia]

1. 설교 본문을 한번 더 읽고 말씀이 주는 은혜를 나눠봅시다.

2. 예수 이름의 진정한 능력은 무엇에 있는지 본문에서 찾아 나눠봅시다.

3. 함께 모여 성령의 충만함을 사모하면서, 하나님께서 우리교회에 주신 비전을 놓고 간절히 기도하는 시간을 가집시다.

기도나누기

17. 내 삶의 가장 큰 기적

• 본문 | 사도행전 19장 1~20절
• 찬송 | 370장, 28장, 429장

여러분 우리 삶에서 놀라운 기적이 일어나기를 원하시지요?

성경은 기적을 말하고 있습니다. 또한 긍정을 말하고 있습니다. 그냥 긍정이 아니라, 절대긍정을 말하고 있습니다.

"할 수 있거든이 무슨 말이냐 믿는 자에게 능히 하지 못할 일이 없느니라"

하나님은 우리에게 "두려워하지 말라 내가 너와 함께 함이라 놀라지 말라 나는 네 하나님이 됨이라 내가 너를 굳세게 하리라 참으로 너를 도와 주리라 참으로 나의 의로운 오른손으로 너를 붙들리라"(사41:10) 말씀하십니다. 이 말씀은 절대긍정이요 기적을 일으키시는 하나님의 의지입니다.

하나님은 바울에게 말씀을 잘 풀어 전하는 능력을 주셨습니다.

일상의 기적을 경험하고 싶으십니까? 바울처럼 강한 영권을 허락해 달라고 기도하며 간구하십시오. 하나님의 큰 기적의 권능이 우리 생활 속에 머무르도록 하늘의 영권을 부어달라고 매달리십시오. 그러면 기적의 역사가 일어납니다.

에베소는 이방종교와 마술사들이 활개를 치고, 무당들의 주술적 행동이 많았던 우상천지의 도시였습니다.

그런데 바울에게 예수이름의 능력으로 많은 귀신이 떠나가고 질병이 치유되자, 당시 마술사나 무당들은 충격에 빠졌습니다.

"그 예수이름이 도대체 무엇인데, 바울을 통해 이런 능력과 기적이 일어나는가?"

자신이 행하는 마술은 거짓이고, 속임수라는 것을 누구보다 자신들이 잘 알고 있었습니다. 그런데 예수님의 그 능력은 진짜였기에, 이 마술사들은 아무런 믿음도 없이 예수이름에 진짜 능력이 나타나는지 확인해보고 싶었습니다.

13절, "이에 돌아다니며 마술하는 어떤 유대인들이 시험 삼아 악귀 들린 자들에게 주 예수의 이름을 불러 말하되 내가 바울이 전파하는 예수를 의지하여 너희에게 명하노라 하더라"

15~16절, "악귀가 대답하여 이르되 내가 예수도 알고 바울도 알거니와 너희는 누구냐 하며 악귀 들린 사람이 그들에게 뛰어올라 눌러 이기니 그들이 상하여 벗은 몸으로 그 집에서 도망하는지라"

17~18절, 에베소에 사는 유대인과 헬라인들이 다 이일을 알고 두려워하여 주 예수이름을 높이었고, 믿음 있는 사람은 자복하고 회개하는 역사가 일어났다고 기록하고 있습니다.

가장 큰 기적은 바로 이것입니다. 참 신기한 일이지만 예수님을 믿고 자복하고 회개하여 새 사람으로 거듭나는 일은 정말 기적 중의 기적입니다. 질병이 낫고, 귀신이 떠나가는 이런 능력보다 한 영혼이 주 앞에 무릎 꿇고 자복하고 회개하는 역사.

이것이 가장 큰 기적의 역사입니다. 마술을 행하던 사람들이 하나둘 예수를 믿게 되었습니다. 이들은 예수님의 능력 앞에 회개하였습니다. 그래서 이들은 자신의 모든 마술책을 불살라버렸습니다.

19절에 "또 마술을 행하던 많은 사람이 그 책을 모아 가지고 와서 모든 사람 앞에서 불사르니 그 책 값을 계산한즉 은 오만이나 되더라"

은 오만은 지금 시세로 치면 수억 원 이상의 가치가 있는 것입니다. 마술책은 그들에게 있어서 먹고 살아갈 가장 중요한 자원입니다. 예수 이름의 진정한 기적, 진정한 능력은 이런 자복과 회개에 있습니다.

그 이름의 능력으로 20절에 "이와 같이 주의 말씀이 힘이 있어 흥왕하여 세력을 얻으니라"라고 기록하고 있습니다.

여러분, 성경은 절대긍정입니다. 먼저 여러분의 심령, 마음에 기적이 일어나길 소망합니다.

○ 말씀과 함께 하는 나눔 [koinonia]

1. 설교 본문을 한번 더 읽고 말씀이 주는 은혜를 나눠봅시다.

2. 바울에게 주셨던 은사를 주셨는지 서로 이야기 해 봅시다.

3. 예수님을 믿으면서 기적을 경험한 적이 있습니까? 예수님을 믿으며 내 삶속에 변화가 생겼다면, 어떤 것이 있는지 이야기를 나눠봅시다.

기도나누기

18. 우리가 잘 되기 위해 길들여야 할 세 가지 습관

- 본문 | 사도행전 20장 1~19절
- 찬송 | 435장, 452장, 453장

오늘은 말씀을 통해 '우리가 잘 되기 위해 어떤 노력을 해야 할까?'에 대해 세 가지로 나눠서 살펴보고자 합니다.

첫째, 우리는 믿음 안에서 서로 (   )하고 (   )해야 할 것입니다.

바울이 3년간의 긴 에베소 사역을 마치고 이제 마지막 작별을 고하려는 순간입니다. 당시 믿는 자들이 많은 고난을 받고 있던 터였기에 흔들리지 않는 믿음을 강조했을 것입니다.

바울이 또다시 체포되어 감옥에서 디모데에게 편지를 썼습니다.

이때 바울이 가장 필요했던 것은 성도들의 위로였을 것입니다. 하지만 모든 성도들이 다 등을 돌려버렸습니다.

디모데후서 1장 15절 "아시아에 있는 모든 사람이 나를 버린 이 일을 네가 아나니" 여기서 아시아에 있는 사람들은 함께 교회공동체 안에서 예배하고 교제했던 믿음의 형제자매들입니다.

바울은 얼마나 고통스러웠겠습니까? 그럼에도 불구하고 우리는 서로 사랑하고, 서로 위로하며 좋지 않은 일은 서로 감싸주는 모습을 배워야 할 줄로 믿습니다.

- 정답 : 위로, 격려

둘째, 하나님을 (   )하는 습관을 가져야 할 것입니다.

바울은 제자들을 위로하고 격려하며, 작별을 하고 마게도냐로 갔습니다. 그리고 교회를 방문하여 제자들을 위로하고 격려하였습니다.

그런데 바울은 고린도에서 이제 예루살렘으로 가려고 결심하였습니다. 이 당시 타지에 살고 있던 많은 디아스포라 유대인들은 유월절 절기를 지키기 위해 예루살렘으로 향했습니다. 그런데 바울은 육로로 이동하기로 했습니다. 왜 그랬습니까? 자신을 죽이려는 자들의 음모를 알아챘기 때문입니다.

이것을 알아채게 하신 분이 누구입니까? 바로 하나님이십니다. 하나님과 함께하면 늘 생각 속에 갈 길을 이끄신다는 것입니다. 우리는 세상을 살아가면서 수많은 결정을 하게 됩니다. 우리의 앞에 놓여 있는 길은 여러 갈래의 길이기 때문입니다. 그렇기에 예상치 못한 변수가 너무나 많고, 그 변수 앞에서 결정을 해야 할 때가 많습니다. 그런데 하나님을 의지하면, 올바른 판단과 결정을 할 수 있는 생각을 주십니다. 그래서 믿는 자는 기도가 없이는 안 됩니다. 하나님과 함께 하는 자는 반드시 하나님께서 갈 길을 보여주십니다.

셋째, 마지막까지 (   ) 하는 자가 되시기 바랍니다.

마지막까지 함께 한다는 것은 죽어도 같이 죽고 살아도 같이 죽는다는 그 동지의식을 말합니다. 그나마 바울이 외롭지 않았을 것이라는 생각이 드는 것이, 극소수지만 바울에겐 끝까지 함께 했던 믿음의 동지가 있었기 때문입니다.

5절에 "그들이 먼저 가서 드로아에서 우리를 기다리더라"고 했습니다. 여기서 '우리'가 누구입니까? 바로 이 사도행전의 저자 '누가'와 '바울'입니다.

• 정답 : 의지, 함께

누가와 바울 두 사람만이 함께 무교절을 보내고 이후 드로아에서 저들과 합류하게 됩니다. 많은 아시아인들이 떠나갔지만 차디찬 로마감옥에서 마지막까지 그를 지켜봤던 인물은 누가였습니다.

디모데후서 4장 11절에 바울은 "누가만 나와 함께 있느니라" 이렇게 기록하고 있습니다.

여러분, 누가처럼 마지막까지 함께하는 자가 되어야 합니다. 마지막까지 흔들리지 말고 함께 교회를 일으켜 세웁시다. 그것이 우리에게 주신 하나님의 큰 사명입니다.

○말씀과 함께 하는 **나눔** [koinonia]

1. 설교 본문을 한번 더 읽고 말씀이 주는 은혜를 나눠봅시다.

2. 바울이 차디찬 로마 감옥에 있을 때, 끝까지 함께 있었던 사람은 누구인지 본문에서 찾아 나눠봅시다.

3. 세 가지 습관이 우리 각자의 몸에 베이도록 하루 한 가지씩 실천해봅시다.

기도나누기

19. 예배에 부활의 능력이 있다

· 본문 | 사도행전 20장 7~12절
· 찬송 | 246장, 302장, 312장

우리는 늘 하나님께 예배드리고 있습니다. 영과 진리로 하나님께 온전히 드리는 예배에는 치유와 회복의 능력이 있습니다. 또한 예배를 통해 참 자유와 놀라운 은혜 그리고 변화를 누리기 위해서 하나님께서 원하시는 방향으로 나가야 합니다.

오늘 말씀에 나오는 유두고는 바울이 설교할 때 불미스럽게도 창틀에 걸터앉아 졸다가 떨어져 실족사한 주인공입니다.

7~8절에 "그 주간의 첫날에 우리가 떡을 떼려 하여 모였더니 바울이 이튿날 떠나고자 하여 그들에게 강론할 새 말을 밤중까지 계속하매 우리가 모인 윗다락에 등불을 많이 켰는데"

바울의 설교는 한밤이 되어도 그칠 줄 몰랐습니다. 그렇게 열성적으로 말씀을 전하는 그 순간 사건이 터져버립니다.

9절에 "유두고라 하는 청년이 창에 걸터앉아 있다가 깊이 졸더니 바울이 강론하기를 더 오래 하매 졸음을 이기지 못하여 삼 층에서 떨어지거늘 일으켜보니 죽었는지라"

여기서 '청년'이라는 단어입니다. '청년'은 헬라어로 '파아스'라는 단어인데 이 뜻은 종이라는 뜻을 가지고 있습니다. 아마도 낮에는 주인을 위해 힘든 노동을 했을 것입니다. 유두고가 졸다 떨어져 죽었다는 사실보다 더 무게감 있게 봐야 할 것이 피곤하고 지치고 힘든 상황 중에 유두고는 말씀을 들으러 왔다는 것입니다.

유두고가 졸게 된 또 다른 이유로, 8절에서 등불을 많이 켰다고 말하고 있는데 비좁은 다락방에 수많은 무리들이 가득 차 있다 보니 산소가 많이 부족했고, 그로 인해 졸음이 왔다고도 볼 수 있을 것입니다.

성경은 유두고가 창틀에서 떨어져 죽었다고 분명하게 기록하고 있습니다.

이런 상황이 되자, 바울은 급히 내려가서 유두고의 몸을 안았습니다. 그때 바울은 그 많은 사람들을 향해 "떠들지 말라"고 말을 하며 "생명이 그에게 있다"고 말했습니다. 완전 죽어 숨이 멎은 상태에서 하나님의 능력으로 그가 되살아난 것입니다.

예배는 이런 부활의 능력이 있습니다. 죽은 유두고를 끌어안자 다시 살아났던 것처럼 이 시대 예배는 찢기고 상처 난 영혼을 회복시키고 치유할 뿐 아니라, 유두고와 같이 소생 가망 없이 죽었던 자를 다시 살리는 부활의 처소라는 사실을 기억하시기 바랍니다.

하나님은 예배하는 자를 찾으십니다. 이 놀라운 사건을 지켜보던 많은 사람들은 어떠했을까요?

많은 사람들은 큰 은혜를 받았습니다. 그 자리에 있던 많은 사람들은 이 큰 기적으로 인해 위로를 받게 되었습니다. 또한 하나님께서는 살아서 역사하신다는 것을 확실히 체험하고 믿게 되었을 것입니다.

예배는 이런 부활의 능력이 있습니다. 영적으로 죽은자를 일으켜 세우고 살리는 기적이 일어납니다.

우리는 예배부터 철저하게 하나님과 나와의 온전한 교통이 되도록 노력해야 합니다. 또한 진정한 예배는 예배드리는 시간뿐아니라, 교회에서의 예배를 마치고 나가는 순간부터 또다시 예배가 시작된다는 사실을 기억해야 합니다.

　진정한 삶으로서 예배가 시작되는 것입니다. 바울이 유두고를 살려낸 것은 예배 중에 일어날 수 있는 상식 같은 기적입니다. 예배를 통해 이런 기적이 저와 여러분의 가정과 직장에 상식처럼 나타나기를 진심으로 축원합니다.

○말씀과 함께 하는 나눔 [koinonia]

1. 설교 본문을 한번 더 읽고 말씀이 주는 은혜를 나눠봅시다.

2. 예배의 능력은 어떠한 것인지 본문에서 찾아 나눠봅시다.

3. 한 주간 우리 삶 가운데 하나님 앞에 온전한 예배를 드려봅시다.

기도나누기

20. 절박함과 환란이 나를 기다린다 해도

- 본문 | 사도행전 20장 16~24절
- 찬송 | 563장, 565장, 568장

오늘 말씀에 바울은 에베소 장로들에게 어려움과 환란이 오더라도 예루살렘에 올라가겠다는 의지를 보여주고 있고, 자신의 생명보다 귀한 것은 복음을 전하는 일임을 역설하고 있습니다.

오늘 바울의 고백이 우리에게 무엇을 교훈하고 있는지를 살펴보고자 합니다.

첫째, (   )할 좋은 기회를 놓치지 말아야 할 것입니다.

유두고 사건 다음날, 바울은 예루살렘을 향해 떠납니다. 그런데 왜 바울은 밀레도에서 가장 오랫동안 사역했던 에베소를 들리지 않았을까?

16절에 "바울이 아시아에서 지체하지 않기 위하여...."

지체하지 않기 위해서 에베소를 들리지 않았다고 말하고 있습니다. 바울은 전도할 좋은 기회를 놓치지 않기 위해서였습니다. 선교는 많은 비용이 들어가는데 오순절 기간에 예루살렘에는 각국의 디아스포라 유대인들이 일부러 예루살렘으로 모여듭니다. 제 발로 찾아온 유대인들에게 굳이 선교비가 없어도 귀한 복음을 전할 절호의 기회였습니다. 우리도 전도할 좋은 기회를 놓치지 말아야 할 것입니다.

둘째, 내가 복음을 전한 일에 대해 (   )하십시오.

복음을 전하는 일은 자랑할 일입니다. 겸손과 하나님의 이끄심이 드

• 정답 : 전도, 간증

65

러나는 자랑입니다.

그렇다면 바울은 에베소교회에서 어떻게 사역을 감당했습니까? 겸손과 눈물로 3년 동안 한결같게 사역을 감당했다고 기록하고 있습니다. "곧 모든 겸손과 눈물이며 유대인의 간계를 인하여 당한 시험을 참고 주를 섬긴것과"

고린도후서 2장 4절에 "내가 큰 환란과 애통한 마음이 있어 많은 눈물로 너희에게 썼노니" 내면깊은 사랑을 느낄 수 있는 표현입니다. 그렇습니다. 눈물 없이는 어떠한 선교도 될 수 없습니다.

셋째, 어느 곳에서든지 거리낌이 없이 (　　　)해야 합니다.

바울은 어느 곳에서든지 거리낌 없이 복음을 전했습니다.

22절에 "보라 이제 나는 심령에 매임을 받아 예루살렘으로 가는데 저기서 무슨 일을 만날는지 알지 못하노라"

하나님이 주신 복음사역이 너무도 막중해서 그 막중한 사명감에 거룩한 부담감을 말하고 있다는 말입니다. 하지만 바울은 당당히 나아갔습니다.

넷째, 분명한 (　　　)를 향해 함께 뛰어야 합니다.

악한 사단마귀는 그런 환경과 처지, 상황에 억매일 수밖에 없는 현실을 만들어 복음 전하는 일을 방해합니다. 그래서 우리는 이유나 처지에 대한 핑계를 대지 말고 일어서야 합니다.

바울은 지금 예루살렘에 올라갈 수 없는 상황이었습니다.

23절에 "오직 성령이 각 성에서 내게 증거하여 결박과 환란이 나를 기다린다하시나" 당시 성령께서 각 성의 예언자들의 입을 통해 바울이 겪게 될 환란을 알려주셨습니다. 하지만 사도 바울의 복음이 열정을 꺾

• 정답 : 선포, 목표

을 수는 없었습니다.

바울은 마지막 자신의 굳은 결의를 에베소 장로에게 말합니다.

"내가 달려갈 길과 주 예수께 받은 사명 곧 하나님의 은혜의 복음을 증언하는 일을 마치려 함에는 나의 생명조차 조금도 귀한 것으로 여기지 아니하노라"(20:24)

바울은 복음 증거의 사명이 생명 위에 있었습니다. 복음 전할 좋은 기회를 놓치지 마십시오. 복음을 전하고 그것에 대해 많이 간증하십시오. 또한 어느 곳이든지 거리낌 없이 선포하십시오. 어떠한 일이 있어도 목표를 향해 나아가는 것을 멈추지 마십시오. 이 길이 우리 믿는 자들이 행해야 할 사명입니다.

○ 말씀과 함께 하는 나눔 [koinonia]

1. 설교 본문을 한번 더 읽고 말씀이 주는 은혜를 나눠봅시다.

2. 바울이 에베소를 들리지 않았던 이유는 무엇인지 본문에서 찾아 나눠봅시다.

3. 나만의 전도 간증문을 만들어 전도해봅시다.

기도나누기

21. 대시(-)로 살아가기

· 본문 | 신명기 30장 19~20절
· 찬송 | 200장, 288장, 94장

'대시'가 무엇입니까? 우리 인생의 시작과 끝의 라인입니다. 우리는 후회 없는 삶을 살아야 합니다. 그렇다면 없는 삶을 위하여 선택해야 할 것은 무엇입니까?

첫째, (   )으로 살라는 것입니다.

예수님께서 말씀하십니다.

"내가 온 것은 그들로 진정하고 영원한 삶을 얻게 하고 그들이 꿈꾸었던 것보다 더 나은 삶을 얻게 하며 더 풍성히 얻게 하려는 것이라."(요 10:10)

'더 나은 삶'이란 '더 풍성한 삶'을 말합니다.

둘째, 온전히 (   )하기 시작할 것을 선택해야 합니다.

온전히 사랑하십시오. 우리가 이 지구상에 존재하는 이유는 사랑하기 위함입니다. 예수님께서는 성경 말씀을 마태복음 22장 37~39절 말씀에서 요약하십니다.

"예수께서 가라사대 네 마음을 다하고 목숨을 다하고 뜻을 다하여 주 너의 하나님을 사랑하라 하셨으니 이것이 크고 첫째 되는 계명이요 둘째는 그와 같으니 네 이웃을 네 몸과 같이 사랑하라 하셨으니."

성경은 말씀하십니다. "사랑은 언제까지든지 떨어지지 아니하나 (실패하지 아니하나)..."(고전 13:8) 만일 우리 삶의 동기가 사랑이라면 우리는 실

· 정답 : 열정, 사랑

패하지 않을 것입니다. 이 말은 성경이 나타내고 있는 말입니다. 또한 우리가 후회 없는 삶을 살기 위해서는 무엇을 선택해야 합니까?

셋째, 겸손히 (   ) 합니다. 이것을 선택하십시오.

세상은 하나님께서, 우리가 좀 더 주님을 많이 닮도록 우리의 성품을 형성하시는 준비 장소입니다. 영원한 세상을 위해 준비시키시는 것이 지요.

우리의 성품을 형성하는 것은 두 가지 뿐입니다. 먼저, 하나님의 말씀입니다. 하나님의 말씀은 우리의 성품을 만들어 줍니다. 예수님의 성품을 알게 되고 그 성품을 배우게 됩니다. 성경 말씀 읽기가 습관이 되어야 합니다. 또한 성품을 형성하는 것은 하나님을 인정할 때 올바로 형성됩니다. 성경은 말합니다.

"네가 하는 모든 일에서 하나님을 인정하고 그분을 우선순위에 두라. 그리하면 하나님께서 네 길을 지도하시고 너의 노력을 성공으로 보상하시리라."(잠3:6)

'성공'은 히브리어로 '현명한 결정을 할 수 있는 능력'을 뜻합니다. 우리가 범사에 하나님을 인정하면 곧 성공을 주십니다. 즉, 하나님을 인정하는 것이 곧 성공이라는 것입니다.

하나님을 인정하고 우선순위에 두는 작은 공식 네 가지가 있습니다.
첫째, 하나님께 매주의 첫날을 드리십시오. 주일성수 하십시오.
둘째, 하나님께 매일의 첫 번째 시간을 드리십시오.
셋째, 수입의 첫 십일조는 먼저 떼어서 하나님께 드리십시오.
넷째, 모든 결정의 첫 생각을 하나님께 드리십시오. 즉 기도의 생활을 말하는 것입니다.

• 정답 : 배워야

넷째, (   ) 떠나십시오.

많은 사람들이 인생을 어떻게 살아야 할지에 대해서 말합니다. 그러나 우리 인생의 마지막 순간에는 오직 단 한 가지만이 중요할 것입니다. 바로 하늘에 계신 우리 아버지께서 "잘 하였도다." 라고 말씀하시는 것입니다. 성경은 말씀합니다.

"그 주인이 이르되 잘 하였도다 착하고 충성된 종아 네가 작은 일에 충성하였으매 내가 많은 것으로 네게 맡기리니 네 주인의 즐거움에 참예할지어다 하고"(마25:23)

열심히 신앙생활하셔서 후회없는 삶을 사시길 소망합니다.

○ 말씀과 함께 하는 **나눔** [koinonia]

1. 설교 본문을 한번 더 읽고 말씀이 주는 은혜를 나눠봅시다.

2. '열정적으로 산다.' '온전히 사랑한다.' 이 말의 뜻을 내 삶에 적용하여 함께 나눠봅시다.

3. '겸손히 배운다.' '담대히 떠나라.' 이 말에 대한 나의 깨달음을 함께 고백해 봅시다.

기도나누기

• 정답 : 담대히

22. 열정적으로 살라

- 본문 | 요한복음 10장 10~12절
- 찬송 | 341장, 384장, 461장

거듭남은 단번에 일어나는 일회적인 사건입니다. 정말로 거듭나기 원하신다면 갈급하셔야 합니다. 단, 일회적인 입술의 고백이 무의미하다는 것은 아닙니다. 하지만 우리 인생 가운데 성화의 노력이 없이는 구원이 보장될 수 없다는 것입니다.

성경은 열정적으로 살기를 원하고 있습니다. 또한 예수님도 마지막 30일 밖에 남지 않았음을 알고 계셨습니다.

예수님은 그 한 달을 어떻게 사셨을까요? 예수님은 열정적으로 사셨고, 온전히 사랑하셨습니다.

요한복음 10장 10절의 말씀입니다. "도둑이 오는 것은 도둑질하고 죽이고 멸망시키려는 것뿐이요 내가 온 것은 양에게 풍성하고 만족스러운 삶을 주려는 것이라(직역)." 여기서 '풍성하고 만족스러운 삶'은 열정적이고 성취하는 삶에 대해서 말씀하시는 것입니다.

그렇다면 이 땅에서 풍성한 삶을 살려면 어떻게 해야 합니까?

첫째, (   )을 찾아야 합니다.

하나님은 '열정적인 분'이십니다. 또 우리 마음속에 열정을 심어 두셨습니다. '열정'이라는 말은 '패션'(passion)이라는 단어 말고 '엔뜨지아점'(enthusiasm)도 있습니다.

- 정답 : 열정

헬라어 '엔뜨지아점'(enthusiasm)은 헬라어 '엔'(En)과 '데오스'(Theos)의 합성어입니다. 데오스는 '하나님'이고 엔은 '안에'라는 뜻입니다.

따라서 '열정'이라는 단어는 문자적으로 '하나님이 안에 계시다'는 의미입니다. 우리 안에 하나님께서 함께 계심을 믿습니까? 그렇다면 여러분들은 이미 열정적인 하나님을 모시고 있는 것입니다.

하나님이 주시는 열정을 찾기 원하신다면 두 가지를 자문자답해 보십시오.

첫 번째, 내가 내 생활권 안에서 하나님과 함께 시간을 보내고 있는가? 우리에게 단 한 달의 시간이 주어진다면 우리는 무엇을 하면서 살 것인가? 저는 여러분에게 권면합니다. 하나님과 함께 시간을 보내십시오. 설계해보십시오.

두 번째, 내게 남은 생이 한 달 뿐이라면 나는 무엇을 할 것인가?

그렇다면 이 땅에 살면서 열정적으로 풍성한 삶을 살려면 어떻게 해야 합니까? 먼저 나의 열정을 찾아야 합니다. 그리고 그 열정을 따라가야 합니다.

하나님께서 하나님의 열정을 우리 마음에 심으셨습니다. 그리고 우리가 그 열정을 따라가기 원하십니다. 믿음이 없이는 하나님을 기쁘시게 하지 못합니다. 오직 하나님께서 주신 내 안에 있는 열정을 따라 가십시오.

이 땅에 살면서 풍성한 삶을 살려면 어떻게 해야 합니까?

나의 열정을 찾고 열정을 따라야 합니다. 그렇다면 이 열정을 잃어버리지 않기 위해 우리는 무슨 노력을 해야 할까요?

둘째, 나의 열정에 끊임없이 (　　　)를 공급해야 합니다.

그렇다면 그 열정을 불러일으키는 연료는 무엇입니까?

첫째, 성실성(integrity)이 있어야 합니다. 열정의 불을 지피는 연료는 바로 성실성입니다. 우리의 신앙고백과 우리의 실제 생활 사이에는 바로 이런 성실함이 필요합니다.

둘째, 계획성(intentionality)이 있어야 합니다.

오늘도 나에게 주어진 시간을 열정적으로 살고, 천국을 소망하며 사시기를 주님의 이름으로 축원합니다.

○ 말씀과 함께 하는 **나눔** [koinonia]

1. 설교 본문을 한번 더 읽고 말씀이 주는 은혜를 나눠봅시다.

2. 열정을 찾기 위해서는 어떻게 해야 하는지 나눠봅시다.

3. 열정을 잃어버리지 않기 위해서는 어떻게 해야 하는지 나눠봅시다.

기도나누기

• 정답: 연료

73

23. 온전히 사랑하라

- 본문 | 요한복음 12장 1절
- 찬송 | 368장, 352장, 357장

하나님은 우리를 사랑하며 사는 존재로 창조하셨습니다. 그리고 성경에서는 온전한 사랑을 강조합니다. 온전한 사랑을 하라고 말씀하셨으니 당연히 온전하지 못한 사랑도 있다는 말이 됩니다.

그렇다면 온전한 사랑이 무엇입니까? 오늘 성경은, 예수님께서 세상을 떠날 날이 다가옴을 아시고 하신 말씀입니다.

요한복음 13장은 이렇게 시작하고 있습니다.

"유월절 전에 예수께서 자기가 세상을 떠나 아버지께로 돌아가실 때가 이른 줄 아시고 세상에 있는 자기 사람들을 사랑하시되 끝까지 사랑하시니라."

그리고 우리에게 부탁하시는 말씀이 있습니다.

요한복음 13장 34~35절에 "새 계명을 너희에게 주노니 서로 사랑하라 내가 너희를 사랑한 것 같이 너희도 서로 사랑하라. 너희가 서로 사랑하면 이로써 모든 사람이 너희가 내 제자인 줄 알리라."

예수님께서 우리를 사랑하심과 같이 우리도 '서로 사랑하라'는 것입니다. 인간관계는 롤러코스터와 비슷한 점이 많은데, 그 이유는 가파른 언덕이 많습니다.

또한 친밀한 관계에서 급경사를 도는 경우도 많고, 관계 전체가 선로에서 벗어나 버릴 것처럼 느껴질 때도 많습니다.

사람들에게 가장 많은 후회를 남기는 분야는 <인간관계>입니다.

인간관계가 롤러코스터와 유사한 몇 가지가 있습니다.

첫째, 우리는 인간관계에서 (　　　)라는 산을 마주합니다.

어떤 관계를 시작할 때, 그 시작이 평탄해서 마침내 나와 같은 사람을 찾았다고 생각하게 됩니다. 그러나 여러분이 어떠한 관계이든지 모든 관계에서 첫 번째 산인 오해의 산은 생각보다 금방 다가옵니다.

즉 이 지구상에는, 나 자신을 완전히 이해할 수 있는 사람이 아무도 없다는 것입니다. 오직 하나님만이 우리를 완전히 이해하십니다. 우리는 오해의 산을 넘어가야 합니다. 그리고 서로가 아주 많이 다를지라도 상대방을 받아들이는 것을 배워야 합니다.

둘째, 우리가 (　　　　)이라는 터널로 들어가면, 터널 속만 봅니다.

우리는 사랑하는 사람과 함께 있을 때조차도 상대방의 관점에서 생각해 보려고 하지 않습니다.

그러므로 관계에서 정말 중요한 일은, 터널 속의 모습만 보는 것이 아니라 터널 밖의 모습도 바라보는 것입니다.

셋째, (　　　)의 계곡입니다.

많은 관계들이 실수의 계곡에서 충돌하고 무너집니다. 왜냐하면 우리는 서로에게 상처를 주기 때문입니다. 롤러코스터와 같은 많은 관계들이 쓴 뿌리로 인해 깨지게 됩니다. 그렇다면 어떻게 관계를 지키고 발전시키면서 온전히 사랑할 수 있을까요?

온전한 사랑을 하기위해서는, 용납해야 합니다. 다른 사람을 완전히 받아들일 수 있는 용납의 엔진을 가져야 합니다. 용납이라는 것은 나

• 정답 : 오해, 이기심, 실수

를 소중히 여기기 시작하는 것을 의미합니다. 또한 행동해야 합니다.

예수님께서는 우리의 죄로 인해 십자가에 달리실 때 그 사랑을 즉시 보여주셨습니다. 하나님 사랑은 다른 것이 아니라, 지극히 작은 자, 볼품없고 소외된 자에게 사랑을 베푸는 것이 곧 예수님을 사랑하는 것이라 말씀하고 계십니다. 서로 사랑하십시오. 오늘부터 지금 당장 이 사랑을 실천하도록 노력하십시오.

○말씀과 함께 하는 나눔 [koinonia]

1. 설교 본문을 한번 더 읽고 말씀이 주는 은혜를 나눠봅시다.

2. 인간관계와 롤러코스터의 유사점은 무엇인지 본문에서 찾아 나눠봅시다.

3. 온전한 사랑을 하기 위해서는 어떻게 해야 하는지 나눠봅시다.

기도나누기

24. 겸손히 배우라

- 본문 | 빌립보서 2장 1~11절
- 찬송 | 488장, 435장, 413장

우리 인생은 어떻습니까? 안전하다고 생각하십니까? 우리는 그럴 것이라고 생각합니다. 그래서 하나님의 안전장치에 조정 받지 않고 내가 한번 운전해보려고 합니다. 하지만 결국 우리는 우리 스스로 통제하는 것보다 하나님의 통제 아래 있는 것이 지혜라는 것입니다.

그렇다면 이 능력을 어떻게 얻을 수 있을까요? 우리가 겸손한 마음으로 배울 때, 하나님은 우리에게 그 분의 능력으로 채워주십니다(빌 2:8). '겸손'과 '복종', '순종'은 항상 나란히 함께 가는 것입니다.

겸손은 전인격적인 나를 내려놓는 것입니다. 하나님께서 내 인생에 놓아두신 그 권위 아래 복종하는 것입니다.

베드로는 예수님의 수제자로 불렸습니다. 그런데 그의 삶은 완전히 탈선하고 실패한 적도 많았습니다. 하지만 "너에게 두 번째 기회를 주겠다."가 아니라, "나는 여전히 너와 함께 했었고 너로 인해 놀라운 일들을 펼칠 것이다. 나는 여전히 너와 함께 하길 원한다."

주님은 늘 이렇게 생각하셨습니다.

우리도 베드로와 같은 자들입니다. 세상에 살며 얼마나 많은 실패를 경험합니까? 분명 예수님께서 용서해주셨음에도 불구하고, 내 잘못으로 인해, 충분히 회개했음에도 마음속의 죄책감이 늘 나를 괴롭히기도 합니다.

하나님은 단 한 번도 여러분을 포기한 적이 없다는 사실을 꼭 기억하시기 바랍니다.

그렇다면 베드로를 통해 우리는 무엇을 배울 수 있습니까?

첫째, 우리가 (   )로부터 배워야 합니다.

"주께서 돌이켜 베드로를 보시니 베드로가 주의 말씀 곧 오늘 닭 울기 전에 네가 세 번 나를 부인하리라 하심이 생각나서 밖에 나가서 심히 통곡하니라."(눅 22:61-62)

우리도 베드로처럼 실패합니다. 실패를 통해 하나님께서 내게 주시는 메시지가 무엇인지 생각하시기 바랍니다.

둘째, (   )를 주시는 하나님께 감사드려야 합니다.

실패를 통해 무엇을 배울 수 있습니까?

첫 번째, 내 실패에 대한 책임을 지어야 한다는 사실입니다.

"자기의 죄를 숨기는 자는 형통하지 못하나 죄를 자복하고 버리는 자는 불쌍히 여김을 받으리라."(잠 28:13)

실패할 때와 실수할 때는, 오히려 하나님의 소명이 옳게 보이는 중요한 때입니다.

두 번째, 쓸데없는 후회나 죄책감에 사로잡혀서는 안 될 것입니다. 단지 하나님과의 관계를 회복하려는 노력을 기울여야 합니다. 가장 용서하기 힘든 사람은 자기 자신이라고 합니다. 하나님께서도 용서하셨다고 하는데, 본인 스스로를 용서하지 못하겠다고 하는 사람들이 있습니다. 만약 진정으로 회개했다면 죄책감에서 벗어나십시오.

셋째, 하나님의 능력 앞에 손을 들어야 합니다.

우리는 인간이기에 실패를 경험합니다. 그것은 곧 하나님의 능력 앞

• 정답 : 실패, 기회,

78

에 손을 드는 일입니다. 사람들은 가장 약한 부분을 감추려고 합니다. 그러나 우리는 드러내 보이고 하나님의 긍휼을 기대해야 합니다. 하나님의 능력이 필요함을 알 때, 그때가 곧 하나님께서 일하시는 때입니다. 겸손하게 그분을 닮도록 노력하시기 바랍니다. 그럴 때 놀라운 기적이 일어납니다(마11:28-29).

"수고하고 무거운 짐진 자들아 다 내게로 오라 내가 너희를 쉬게 하리라 나는 마음이 온유하고 겸손하니 나의 멍에를 메고 내게 배우라 그러면 너희 마음이 쉼을 얻으리니"

스스로 통제권을 내려놓고, 하나님께 맡기십시오. 오늘도 하나님 앞에서 겸손히 배우며 하나님의 뜻대로 살아가시기를 주님의 이름으로 소망합니다.

○ 말씀과 함께 하는 나눔 [koinonia]

1. 설교 본문을 한번 더 읽고 말씀이 주는 은혜를 나눠봅시다.

2. 실패를 통해 우리가 배울 수 있는 것은 무엇인가요?

3. 하나님 앞에 겸손하기 위해서는 어떻게 해야 하는지 나눠봅시다.

기도나누기

25. 죽음을 이기는 부활의 은혜

· 본문 | 고린도전서 15장 51~58절
· 찬송 | 191장, 184장, 185장

예수님의 부활은 예수님의 승리이자 우리의 승리입니다. 오늘 본문에서 사도 바울이 목숨 걸며 주님의 복음을 증거 할 수 있었던 가장 큰 이유가 무엇입니까? 부활의 소문을 사실로 인정하고 믿음으로 받아들였기 때문입니다. 어떤 믿음입니까? 어떤 은혜입니까?

사도 바울은 오늘 본문에서 '세 가지 은혜'를 고백하고 있습니다.

첫째, 죽음을 이기는 (   )의 은혜를 덧입어야 할 것입니다.

사람이 제일 무서워하는 것은 죽음입니다. 예수님이 세상에 오신 목적 중의 하나는 죽기를 무서워하는 인간들을 죽음의 공포에서 벗어나게 하는 것이었습니다.

"또 죽기를 무서워하므로 한평생 매여 종 노릇 하는 모든 자들을 놓아 주려 하심이니"(히2:15).

고전 15장 첫 머리에서 사도 바울은 자기의 신앙을 고백했습니다. 이것이 복음의 핵심입니다. 바울은 계속해서 자기는 이 십자가의 주님과 부활의 주님을 직접 체험했다고 고백했습니다. 십자가와 부활을 체험한 믿는 자들은 죽음을 두려워하지 않습니다.

우리에게 남은 것은 없습니다. 완전한 해방입니다. 우리는 그 은혜에 감사하고 구원의 길로 나가기만 하면 됩니다. 바울은 죽음을 무서워하지 않았을 뿐 아니라 죽음을 사모하기까지 했습니다.

· 정답 : 부활

"우리가 담대히 원하는 바는 차라리 몸을 떠나 주와 함께 거하는 그것이라"(고후 5:8).

여러분, 죽는 것을 무서워하십니까? 죽지 않으려고 애를 쓰고 있습니까? 그러면 비굴해지고 불행해집니다. 당당하게, 멋지게 죽을 준비를 하시기 바랍니다. 예수그리스도의 부활의 힘과 능력이, 새롭게 보이는 영화로운 하나님의 세계로 우리를 이끄실 것이기 때문입니다.

둘째, 주의 (　　)에 더욱 힘쓰는 은혜를 덧입어야 할 것입니다.

사람의 가치는 무슨 일에 힘쓰느냐에 달려 있습니다. 사도 바울은 부활의 주님을 만난 다음부터 주의 일에 힘쓰는 사람이 되었습니다.

"일어나 성으로 들어가라 행할 것을 네게 이를 자가 있느니라"(행 9:6).

바울은 그 이끄심으로 복음사역을 감당합니다. 바울은 하나님을 의지하며 하나님의 소명을 따라, 한 평생 주의 일에 힘쓰는 삶을 살았습니다. 그래서 그는 늘 고난 중에도 기뻐하고, 환란 중에도 담대할 수 있었던 것입니다.

"나의 달려갈 길과 주 예수께 받은 사명 곧 하나님의 은혜의 복음 증거하는 일을 마치려 함에는 나의 생명을 조금도 귀한 것으로 여기지 아니하노라"(행 20:24).

부활의 주님을 만나면 더욱더 사명감으로 주님의 일을 감당할 수 있습니다. 사도 바울은 오늘 본문에서 이렇게 권면합니다.

"그러므로 내 사랑하는 자들아 견고하며 흔들리지 말며 항상 주의 일에 더욱 힘쓰는 자들이 되라"

셋째, (　　　　)을 바라보는 은혜를 덧입어야 할 것입니다.

사도 바울은 인생의 최후 결산이 하늘에서 이루어진다는 사실을 알게 되었습니다. 그래서 사람들의 판단이나 자기 자신의 판단을 중요하

• 정답 : 일, 하늘

게 여기지 않고 마지막 날 주님이 하늘에서 자기를 향해 어떤 판단을 하실지를 항상 생각하며 살았습니다.

사도 바울은 하늘을 바라보며 살았습니다. 하늘에서 주님이 상 주실 것을 바라보며 살았습니다. 그래서 이렇게 권면했습니다.

"너희 수고가 주 안에서 헛되지 않은 줄 앎이니라."

하늘을 바라보면서, 땅에서 주의 일에 힘쓰며 사는 사람은 행복한 사람입니다. 지금은 부족하고 연약하지만 채워주시는 은혜를 바라는 신앙을 가지고 늘 삶에서 승리하며 사는 저와 여러분이 되기를 바랍니다.

○ 말씀과 함께 하는 **나눔** [koinonia]

1. 설교 본문을 한번 더 읽고 말씀이 주는 은혜를 나눠봅시다.

2. 고린도전서 15장에서 바울의 신앙 고백은 어떤 것인가요?

3. 부활신앙으로 승리하기 위해 우리가 노력할 것은 무엇이 있나요?

기도나누기

26. 남은 인생 어떻게 살아야 할까?

- 본문 | 예레미야 18장 1~4절
- 찬송 | 246장, 254장, 419장

오늘 본문에서는 하나님의 사람 '예레미야 선지자'를 만납니다.

이스라엘 백성들이 죄 때문에 멸망하게 되었습니다. 그 예언을 하나님께로부터 받아 이스라엘 백성들에게 전달해야 하는 중대한 사명을 맡은 선지자가 예레미야입니다.

하나님은 예레미야에게 토기장이의 집으로 가라고 말씀하십니다.

2절에 "너는 일어나 토기장이의 집으로 내려가라. 내가 거기에서 내 말을 네게 들려 주리라 하시기로"

토기장이는 하나님을 의미합니다. 토기장이이신 하나님께서 이스라엘의 죄악을 보고, 다시 짓이겨 버리실 수가 있다는 것입니다.

만약에 내게 남은 생이 얼마남지 않았다면 여러분은 무엇을 남기시겠습니까? 우리가 좋은 유산을 남기고자 한다면 정말 중요한 질문들이 세 가지 더 있습니다. 이질문에 대한 확실한 답이 있어야 합니다.

첫째, 내 삶의 (　　　)은 무엇이 될 것인가? 입니다.

토기장이들은 토기를 만들려면, 먼저 물레의 중심에 진흙을 놓아야 합니다. 만약 그렇게 하지 못하면, 토기는 엉망진창이 됩니다.

우리 인생도 중심을 잡고 살아가야 합니다. 그러므로 그 중심과 핵심은 오직 하나님이어야 합니다.

하나님은 위대한 예술가이십니다. 또한 그분은 위대한 토기장이십

- 정답 : 중심

83

니다. 때로 우리는 거꾸로, 우리가 토기장이 노릇을 하고 싶어 하고, 내 삶을 내가 원하는 대로 빚고 싶어 합니다. 그러나 하나님께서는 말씀 하십니다. "너에게 가장 좋은 것이 무엇인지는 내가 안단다. 나는 너를 창 조했기 때문이다." 우리는 늘 물레 중앙에 머물러 있어야 합니다. 삶이 늘 하나님 중심의 삶이 되시길 바랍니다.

둘째, 내 (　　　)은 어떠해야 할까? 입니다.

"진흙으로 만든 그릇이 토기장이의 손에서 터지매 그가 그것으로 자기 의견에 좋은 대로 다른 그릇을 만들더라."(렘18:4)

그릇이 터졌다고 합니다. 그릇에는 불완전함, 결함, 실수가 있었습니다. 그렇습니다. 우리에게는 결함이 있습니다. 그러나 우리 하나님은 다시 기회를 주시는 분이십니다.

하나님께서는 우리를 결코 포기하지 않으십니다. 그분은 여전히 저와 여러분의 인생에 계획을 품고 계십니다. 우리는 하나님 앞에 겸손히 나아와 고백해야 합니다.

셋째, 만약 내가 (　　　)을 남긴다면, 나는 무엇을 남길 수 있을까? 입니다.

하나님께서는 우리가 그저 바라보기만 하는 걸작(傑作)을 만들지 않으십니다. 하나님께서는 목적을 가지고 유용한 그릇을 만드십니다.

하나님께서는 우리를 사용하기 원하십니다.

성경은 말합니다. "..또 주 예수의 친히 말씀하신바 주는 것이 받는 것보다 복이 있다 하심을 기억하여야 할지니라"(행20:35).

무언가를 얻기 위해서가 아니라, 무언가를 남기기 위해서 살아야 하는 것입니다.

• 정답 : 성품, 유산

그렇다면 저와 여러분이 남길 수 있는 유산은 무엇입니까?

물질보다 행복한 가정을 유산으로 남겨야 합니다.

지식보다 지혜를 유산으로 남겨야 합니다. 지식의 양은 더 나은 학교에 입학하게 될지는 모르나, 지식만으로 더 현명하게 사는 것은 아닙니다. 지식보다는 지혜를 유산으로 남기는 저와 여러분들이 되어야 할 것입니다. 우리에겐 지혜롭고 훌륭한 스승이 계십니다. 바로 예수님입니다. 예수님께 지혜를 얻으시기 바랍니다. 더 적극적으로 주님을 의지하며 담대히 떠날 수 있는 용기와 믿음으로 하루하루 살아가시기를 소망합니다.

○ 말씀과 함께 하는 나눔 [koinonia]

1. 설교 본문을 한번 더 읽고 말씀이 주는 은혜를 나눠봅시다.

2. 좋은 유산을 남기기 위해 우리는 무엇을 돌아보아야 하나요?

3. 우리가 남길 수 있는 유산은 무엇이 있는지 나눠봅시다.

기도나누기

27. 감사의 신앙이 되라

- 본문 | 출애굽기 23장 14~17절
- 찬송 | 301장, 302장, 304장

우리는 구약시대적 감사절기를 지키지는 않습니다.

하지만, 맥추절 감사 예배를 통해 감사의 정신 만큼은 우리가 확실하게 배우고 가야될 줄로 믿습니다.

종교개혁에 큰 공헌을 한 마틴 루터는 "기독신자와 비기독신자를 구별하는 기준은 지나간 일을 감사할 줄 아느냐 모르느냐에 달려있다."라고 말했습니다. 이처럼 감사하는 삶을 사는것은 우리 믿는 자들이 반드시 갖춰야 할 기본 자세입니다.

구약성경을 보면 하나님께서 특별히 일 년에 세 번 감사의 절기를 정해주시고 이스라엘 백성들로 하여금 이를 지키도록 명하셨습니다.

그렇다면 이들은 무엇을 감사했습니까?

첫째, 하나님이 주신 (   )에 대해서 감사했습니다.

둘째, 애굽에서 노예 생활을 하다가 죽을 수밖에 없는 인생들을
(   )해 주시고, 광야생활 40년 동안 눈동자와 같이 (   )해주셨음을 감사했습니다.

감사 절기를 맞아 우리는 먼저 하나님께 감사를 표할수 있어야 할 것입니다. 신명기 16장 16~17절 말씀을 보면 "너의 가운데 모든 남자는 일 년에 세 번 곧 무교절과 칠칠절과 초막절에 네 하나님 여호와께서 택하신

- 정답 : 복, 구속, 보호

곳에서 여호와를 뵈옵되 빈손으로 여호와를 뵈옵지 말고 각 사람이 네 하나님 여호와께서 주신 복을 따라 그 힘대로 드릴지니라” 고 기록하고 있습니다. 한마디로 빈손으로 나오지 말라는 말씀입니다.

왜 이렇게 하나님께서 빈손으로 나오지 말라고 말씀하셨을까요?

드리는 것이 없는 감사가 계속 반복되다보면 형식적인 감사의 절기만 될 뿐이라는 것입니다.

예수님께서도 네 물질이 있는곳에 네 마음이 있다고 하셨습니다. 하지만 물질에 부담이 되어서는 안 됩니다. 우리 신앙의 본질이 무엇입니까? 하나님께 영광을 올려드리는 일입니다.

하나님께서는 창세 전에 저와 여러분을 택하시고, 하나님의 정하신 때에 우리를 이 세상에 태어나게 하신 목적이 있습니다. 바로 하나님을 찬송케 하기 위함이라고 성경은 기록하고 있습니다.

이사야 43장 21절을 보면 “이 백성은 내가 나를 위하여 지었나니 나의 찬송을 부르게 하려 함이니라” 라고 기록하고 있습니다.

우리에겐 늘 이런 하나님을 찬송하는 마음으로 살아야 합니다. 이것이 곧 감사입니다.

생활이 너무 어려워서 하나님 앞에 많은 재물을 드리지 못하지만, 찬송하며 하나님 앞에 감사를 드릴 때 황소를 드림보다 하나님을 더욱 기쁘시게 함이 된다고 했습니다. 우리도 항상 찬양하며 감사함으로 하나님을 기쁘시게 하는 성도가 되어야 할 것입니다.

이와 반대로 원망과 불평은 빼기와 같아서, 있는 것까지 빼앗기게 하고 받은 복까지 잃어버리게 한다고 강조했습니다. 여러분은 어떤 형편에 처해 있습니까? 낙심하거나 절망하지 마시고 감사하며 찬양하시기 바랍니다.

역대하 20장을 보면, 모압 자손과 암몬 자손이 몇 마온 사람과 함께 연합군을 이루어 유다를 침공했습니다. 이에 여호사밧이 하나님 앞에서 간구하고 온 유다 백성들에게 금식하라 공포하였으며, 백성들을 소집해 하나님께 간구했습니다. 그러자 하나님께서 응답하십니다(대하 20:15~17). 이에 여호사밧이 너무나 감사하여 하나님 앞에 엎드려 경배했습니다. 이러한 소문이 주위 나라까지 퍼져나갔습니다.

그리하여 감히 유다를 치러오는 나라가 없었으며, 하나님의 보호하심으로 온 나라가 태평성대를 누리는 축복을 받았습니다.

감사의 생활은 기적을 만듭니다. 감사의 일생은 곧 하나님의 축복의 일생입니다. 맥추감사주일을 맞이하여 더욱더 감사의 기적을 누리고 항상 찬양과 감사로 살아가며 날마다 하나님의 기적과 축복을 체험하며 사시는 저와 여러분이 되기를 바랍니다.

○ 말씀과 함께 하는 나눔 [koinonia]

1. 설교 본문을 한번 더 읽고 말씀이 주는 은혜를 나눠봅시다.

2. 이스라엘 백성들은 감사의 절기에 하나님께 무엇에 대한 감사를 드렸습니까? 본문에서 찾아봅시다.

3. 우리의 삶 가운데서 매일 감사의 제목을 찾아보고 하나님께 감사를 고백해봅시다.

기도나누기

28. 아나니아와 삽비라

• 본문 | 사도행전 5장 1~11절
• 찬송 | 267장, 516장, 463장

아나니아와 삽비라 부부는 땅을 팔아 일부만 하나님께 드리고 나머지는 빼돌렸습니다. 바나바가 재산을 팔아 헌금하는 것을 보고 아나니아와 삽비라는 은근히 질투가 났던 것입니다. 아나니아와 삽비라처럼 사람 앞에 잘 보이려고만 한다면 그 행위가 아무리 선하고, 좋은 일이라 해도 그건 하나님의 선한 일과는 상관없는 일입니다.

믿는 자에게도 경쟁은 있습니다. 하지만 세상의 경쟁과는 근본적으로 달라야 합니다. 하나님의 일을 합력하여 선을 이루는 것이 우리 믿는 자가 가져야 할 태도이자 궁극적인 믿음의 목표라는 말입니다.

무엇보다 중요한 것은 믿음의 대상입니다. 우리 믿는 자들의 싸움의 대상은 보이지 않는 영적 세상권세, 마귀 사단이 싸움의 대상이지 내 옆에 있는 형제자매가 경쟁해야할 대상이 될 수 없고, 싸워야 할 대상이 될 수 없다는 것입니다.

그렇다면 아나니아와 삽비라가 하나님께 심판을 받게 된 근본적인 원인이 어디에 있습니까?

첫째, (   )을 속인 일 때문에 일어났습니다.

2절에 "그 값에서 얼마를 감추매", 3절에 "베드로가 이르되 아나니아야 어찌하여 사탄이 네 마음에 가득하여 네가 성령을 속이고 땅 값 얼마를 감추었느냐" 하였습니다.

• 정답 : 성령

89

그런데 다시 한 번 깊이 묵상해보니, 사실 성령을 속인 한 가지 행위, 그 성령을 속인 것 때문에 심판 받았다는 게 아니란 생각이 들었습니다. 성령을 속인 일 이전에도 교회 안에서 많은 좋지 않은 일을 해왔기 때문입니다. 성경은 그런 부부의 모습에 이미 그에게 사탄이 가득하였다(3절) 기록하고 있습니다.

둘째, 이 비극은 진정한 (   )가 없었기 때문에 일어났습니다.

1절에 "아나니아라 하는 사람이 그의 아내 삽비라와 더불어......"
성경은 아나니아가 하나님을 속이는 일에 그 아내와 함께 공모했다고 진술하고 있습니다.

아나니아와 삽비라는 사도들과 성도들 앞에서 당당하게 자신 소유를 팔아 하나님께 드리겠다고 이야기했을 것이고 그런데 막상 그 소유를 팔아 돈을 드리려 하다 보니 아깝다는 생각이 들었던 것입니다.

신앙생활을 할 때도 우리는 좋은 신앙의 동지를 잘 만나야 합니다. 설령 내가 믿는 자답게 행동하지 못했어도 나의 신앙을 바로 잡아줄 믿음의 동역자가 있어야 한다는 것이지요. 서로 신앙의 덕을 나눌 수 있는 자를 만나야 합니다.

셋째, 가장 중요한 것 중 하나, 바로 이 비극은 (   )할 기회를 놓쳤기 때문입니다.

예수를 믿는 우리는 다른 무엇보다 기회를 놓치지 말아야 합니다. 영혼의 문제에 있어서는 더욱더 그렇습니다.

아나니아와 삽비라 부부는 이 문제를 놓고 고민했을 것입니다. 그러나 그들은 사단의 생각을 쫓아내지 못하고 회개할 기회를 놓쳐버리고 말았습니다.

• 정답 : 믿음의 동지, 회개

결국 그렇게 두 부부는 비참한 최후를 맞이하게 되었습니다. 구원 받지 못하는 가장 큰 이유는 회개의 기회를 거절했기 때문입니다.

하나님은 지금도 우리가 하나님 앞에 회개하기를 원하고 계십니다. 우리 심령의 완악함이 자꾸 회개하는 것을 방해한다면 기도하십시오. 그래서 늘 신실하게 하나님이 원하시는 대로 믿고 의지하며 나아가시길 간절히 소망합니다.

○말씀과 함께 하는 **나눔** [koinonia]

1. 설교 본문을 한번 더 읽고 말씀이 주는 은혜를 나눠봅시다.

2. 아나니아와 삽비라 부부가 죽음을 맞이하게 된 이유는 무엇인지 본문에서 찾아봅시다.

3. 나에게 가장 소중한 것 중에서 하나님께 기쁘게 드리기 원하는 것은 무엇인지 나눠봅시다.

기도나누기

29. 축복이 임하는 행복한 가정

- 본문 | 에베소서 6장 1~4절
- 찬송 | 40장, 28장, 246장

하나님의 축복이 임하는 행복한 가정은 어떻게 해야 이루어질까요?

첫째, 모든 은혜는 하나님이 주시고 그 은혜는 내 (　　　)을 통해 비롯된다는 사실을 먼저 기억하시기 바랍니다.

하나님은 분명 은혜를 주십니다. 그 은혜는 반드시 내 믿음을 통해 역사하십니다. 하나님은 믿음의 가장인 나로 인해 역사하시길 원하십니다. 그래서 무엇보다 가장 우선적으로 목적을 삼아야 할 것은 바로 가족 구원입니다.

그렇다면 가정이 어떤 때 복을 받습니까? 믿음의 행위가 좋아질 때 복을 받습니다. 믿음의 행위는 달리 말하면 하나님을 모시는 방법입니다. 믿음의 행위가 있어야 합니다. 믿음이란 마음이 행위로 연결되어야 온전한 믿음이 된다고 성경은 말씀하고 있습니다. 마음만 있는 믿음이 있을 수 없고, 마음 없는 행함 또한 있을 수 없습니다.

물론, 하나님은 마음이 얼마나 중요한지 말씀하고 계십니다. 하나님은 중심을 본다고 하셨는데, 그 중심은 곧 마음입니다. 이것이 바탕이 되어 우리의 믿음의 행위가 무르익고, 꽃을 피워야 온전한 축복이 임하는 믿음이라는 것입니다. 가정을 세워주시고 행복을 주시는 분은 하나님이십니다. 시편 127편 1절에 "하나님이 집을 세워주지 않으시면 세우는 자의 수고가 헛되다" 하였습니다.

- 정답 : 믿음

둘째, (　　　　　　)를 드리도록 노력하십시오.

이것이 곧 믿음의 행위입니다. 가정예배는 영이 사는 길입니다.

성경에 바울은 디모데가 온전한 믿음으로 성장하고 아름답게 주님의 사명을 감당한 것이 바로 어릴 적부터 신앙교육을 받은 믿음이란 사실을 말하고 있습니다. 훈계와 믿음으로 자녀를 양육하시기 바랍니다. 이것이 바로 부모 된 우리에게 주신 가장 큰 사명입니다.

셋째, 가정을 (　　　　) 가꾸어야 합니다.

가정의 모습을 깨뜨리는 세력들이 있습니다. 시대가 악하여져 갈 수록 기존 윤리의식에서 벗어난 사고방식이 기존 사고방식을 치고 들어오는 예가 참으로 많습니다.

가장 심각한 것이 동성애 문제입니다. 이것은 성윤리가 어긋나고 잘못된 것만으로 치부해서는 안 됩니다. 기존의 가정 구성의 근간을 뿌리째 뽑는 세력입니다. 갈수록 가정의 근간을 흔드는 세력이 많을 텐데, 우리가 할 일은 기도밖에 없습니다.

넷째, 가족 구성원 간의 (　　　)와 사랑이 있어야 축복이 임하는 가정이 될 수 있습니다.

가족 구성원은 크게 네 부류로 나눠볼 수 있습니다. 부부, 부모자식, 형제, 고부입니다. 이들에게는 기본적으로 지켜야할 덕이 있습니다.

먼저 부부간에는 믿음, 순종, 사랑이 있어야 합니다.

두 번째, 자식은 부모에게 어떻게 할 것인가? 자식은 부모에게 마땅히 효도해야 합니다. 세 번째, 형제간에 대하여는 어떻게 해야 합니까? 당연히 우애가 있어야 합니다. 형제간에는 절대로 이기주의나 욕심을 피하고 서로 균형 있게 살도록 도와주는 원칙을 이행하여야 합니다.

• 정답 : 가정예배, 지키고, 배려

네 번째, 부모는 자식에게 어떻게 하여야 합니까?

당연히 부모는 자식을 사랑해야 합니다. 교훈과 훈계로 사랑을 주어야 합니다. 다섯 번째, 고부간의 배려와 사랑이 필요합니다.

여러분, 가정은 하나님의 은혜가 충만해야 하는 곳이어야 합니다. 화목한 가정을 위해 서로 노력합시다. 행복한 가정은 쉽게 이루어지지 않습니다. 노력해야 합니다. 기도해야 합니다. 그리고 지키려 노력하고 무너지지 않도록 기도해야 합니다. '예수만 섬기는 우리집'이 되어서 믿음의 가정, 복 있는 가정의 기초를 세우시며 행복한 가정을 만들어 가는 우리 모두가 되길 소망합니다.

○ 말씀과 함께 하는 나눔 [koinonia]

1. 설교 본문을 한번 더 읽고 말씀이 주는 은혜를 나눠봅시다.

2. 가정 구성원의 종류와 각각의 역할은 무엇인가요?

3. 한 주간 가족들과 '예배와 교제'의 시간을 보냅시다.

기도나누기

30. 고난은 또 다른 하나님의 역사다

- 본문 | 사도행전 21장 27~40절
- 찬송 | 368장, 33장, 536장

때로는 하나님께서 우리에게 고난을 주십니다. 그럴 때마다 우리는 그런 고난과 고통을 이유로 하나님을 원망하곤 합니다. 그러나 믿으십시오. 이 고난은 하나님의 역사를 이루는 시작입니다.

또한 성경은, 고난당하는 것을 유익이라고 말씀하고 있습니다.

시편 119:71절 말씀에 "고난 당한 것이 내게 유익이라 이로 말미암아 내가 주의 율례들을 배우게 되었나이다"

하나님께서 분명 이기게 해주십니다.

바울은 늘 고난의 연속이었습니다. 하지만 오늘 예루살렘에서의 바울은 아주 긴 장기간의 고난에 들어서고 있습니다. 바울이 결박된 것도 더 큰 하나님의 역사를 이루시고자 하는 하나님의 뜻이었습니다.

바울이 서원한 자들과 함께 결례가 끝이 날 무렵 급작스레 바울에게 큰 위기가 찾아옵니다.

27절 말씀에 "그때에 아시아로부터 온 유대인들이 성전에서 바울을 보고 모든 무리를 충동하였다"고 말하고 있습니다.

그렇다면 무엇 때문에 아시아로부터 온 유대인들이 흥분하여 바울을 붙잡아 죽이려 했습니까? 그들은 바울이 드로비모라는 헬라인을 데리고 성전에 들어갔다는 것입니다. 그로인해 거룩해야 할 성전이 더럽혀졌다는 것입니다.

당시 성전은 크게 유대인 남자들만 들어갈 수 있는 이스라엘의 뜰과 이방인이 들어갈 수 있는 바깥뜰(이방인의 뜰)로 구분되어 있습니다.

바울이 이런 규율을 어겼다는 것입니다. 그런데 가만히 살펴보면 이것은 저들의 추측일 뿐입니다.

29절 말씀에 "이는 그들이 전에 에베소 사람 드로비모가 바울과 함께 시내에 있음을 보고 바울이 그를 성전에 데리고 들어간 줄로 생각함이러라"(29절)

불확실한 이유를 꼬투리 삼아 바울을 잡아 죽이기 위한 술책이었습니다. 바울만 잡아 가두면 자신들의 실추된 유대교적 신앙이 회복될 것이고, 더 이상 자신들의 율법과 신앙을 어지럽히는 예수쟁이들이 늘어나지 않고 쇠퇴할 것이라 생각했던 것입니다. 성난 무리들이 바울을 붙잡아 성전 밖으로 끌고 나갔습니다.

그런데 이들이 바울을 밖으로 끌고 나간 데는 두 가지 이유가 있습니다.

첫 번째, 성전을 더럽히지 않기 위함이었습니다. 두 번째로 바울이 제단 뿔을 잡아 안전을 확보할 수 있는 가능성을 봉쇄하기 위함이었습니다. 하나님은 이런 상황 속에서 바울이 그냥 죽도록 내버려 두지 않으셨습니다. 한 사람이 성난 군중들에 의해 죽임 당하게 생겼다는 소식을 듣고 군인들과 백부장들이 급히 달려왔던 것입니다. 그로 인해 바울을 붙잡아 죽이려던 소요 사건은 일단락 되었습니다. 하지만 바울은 결국 쇠사슬에 묶여 결박당합니다.

22장에서 바울은 히브리말로, 분노한 이스라엘 무리들에게 자신이 예수를 믿게 된 간증을 합니다. 도대체 복음이 무엇이기에 이토록 죽음 앞에서도 바울은 복음 전할 기회를 찾았던 것일까? 바울은 알았습니다. 복음이 아니면 안 되고, 반드시 복음이어여만 하고, 복음은 대단한 생명력의 근원이라는 사실을 말입니다.

여러분, 복음은 실로 위대합니다. 복음 하나면 충분합니다. 우리 예수님의 복음은 완전하며 충만하여 어떠한 한계도, 두려움도, 욕망도, 현실의 장벽도 능히 뛰어넘고도 충분한 생명과 의와 진리의 복음입니다. 다시 복음 앞에 서십시오. 그리고 힘을 내십시오. 복음이 나를 살린 것 하나만으로도 감사한데 우리가 사소한 것에 목숨 걸 이유가 없습니다. 복음 하나면 충분합니다.

○말씀과 함께 하는 나눔 [koinonia]

1. 설교 본문을 한번 더 읽고 말씀이 주는 은혜를 나눠봅시다.

2. 성난 무리들이 바울을 성전 밖으로 끌고 나간 이유는 무엇인가요?

3. 한 주간 복음 앞에 서기 위한 우리의 다짐을 적어보고 실천합시다.

기도나누기

31. 행복은 이제 시작되었다

- 본문 | 마가복음 5장 18~20절
- 찬송 | 445장, 84장, 314장

언제 진정한 행복이 시작될까요? 행복은 예수님을 만나면 이루어집니다. 오늘 말씀에 '거라사 귀신 들린 사람'이 나옵니다. 가족들은 이 사람을 여러 번 고랑과 쇠사슬로 매었어도 쇠사슬을 끊고, 고랑을 깨뜨려 귀신에 이끌려 광야로 나갔다고 합니다(막5:4; 눅8:29).

그런데 거라사 귀신 들린 사람이 "예수님을 만났다."(막5:2)는 것입니다. 여기서부터 그의 인생은 달라집니다. 그 귀신은 예수님을 향하여 외칩니다(막5:7).

"큰 소리로 부르짖어 이르되 지극히 높으신 하나님의 아들 예수여 나와 당신이 무슨 상관이 있나이까 원하건대 하나님 앞에 맹세하고 나를 괴롭히지 마옵소서 하니"

이때 예수님께서 "...더러운 귀신아! 그 사람에게서 나오라."

그리고 "네 이름이 무엇이냐?"라고 묻습니다. "내 이름은 군대니..."

그 군대귀신은 "주님, 우리를 돼지에게로 보내어 들어가게 하소서."라고 요청합니다. 예수님께서 "허락하신대..."

어떻게 되었습니까? 귀신은 돼지에게로 들어갔고, 귀신 들린 사람은 깨끗하게 나았습니다. 정말 행복하기를 원하십니까? 예수님만 잘 믿어보십시오.

그렇다면 정말 행복하게 살기 위해 우리는 어떻게 해야 합니까?

첫째, (　　　)을 소중히 여겨야 합니다(2절).

만남은 축복입니다. 누구를 만나느냐에 따라 그 사람의 인생은 달라집니다. 오늘 거라사 귀신 들린 사람은 예수님을 만났습니다.

그리고 예수님을 만나니 귀신은 물러갔습니다. 깨끗하게 고쳐졌습니다. 누리지 못했던 행복을 찾았습니다. 예수님을 만날 때, 예수님 안에 있을 때 우리의 행복이 시작되는 것입니다.

둘째, (　　　)와 (　　　)가 생활이 되어야 합니다(18절).

누가복음 17장에는 10명의 나병환자가 예수님을 만납니다.

"예수 선생님이여... 우리를 불쌍히 여기소서." 그랬더니 예수님께서 "가서 제사장에게 너희 몸을 보이라." 하셨습니다. 그들이 예수님의 말씀대로 "가다가 깨끗함을 받았다."(눅17:14)고 합니다. 그런데 단 한 사람, 사마리아 사람만 예수님의 발아래 엎드려 "감사하였다"고 합니다.

예수님을 만나면 행복이 시작됩니다. 그런데 그 다음이 더 중요합니다. 하나님이 놀라운 복을 주셨는데도 당연한 것처럼 여기고 감사하지 않는 경우가 많기 때문입니다.

셋째, (　　　)이 되어야 합니다(20절).

19~20절에 "허락하지 아니하시고..." 라고 합니다. 그렇습니다. 허락하지 않으셨습니다. 그렇다면 허락하지 않으신 이유가 무엇입니까?

"주께서 네게 어떻게 큰일을 행하사, 너를 불쌍히 여기신 것"을 알리라는 것입니다. 우리는 여기서 주목해야 할 것이 두 가지입니다.

첫째, 집으로 돌아가라는 것입니다. 집으로 돌아가면 그의 가족이 있습니다. 그런데 이제 고침 받은 이 사람은 자기 멋대로 살 수가 없습니다. 예수님께서 집으로 돌아가라 했는데 여기서 '집'이 바로 '오이코스'

• 정답 : 만남, 감사, 기도, 증인

라는 헬라어 단어입니다. 집은 친구, 가족, 이웃이라는 뜻입니다. 오이코스에게 돌아가서 전할 사명을 감당하라는 것입니다.

그렇다면 집으로 돌아간 자들에게 어떤 사명을 주십니까? 주님은 알리는 사명을 주셨습니다. 날마다 예수님을 만나시기 바랍니다. 날마다 예수님께 기도하시기 바랍니다. 날마다 예수님을 증거 하시기 바랍니다. 행복, 그것은 예수님 안에 있습니다.

오늘 20절은 이렇게 끝맺고 있습니다.

"...모든 사람이 놀랍게 여기더라."

이제부터 행복의 근원 되신 예수님을 증거 합시다. 열심히 전도하며 기도하는 여러분이 되기를 축원합니다.

○ 말씀과 함께 하는 나눔 [koinonia]

1. 설교 본문을 한번 더 읽고 말씀이 주는 은혜를 나눠봅시다.

2. 행복은 어떻게 시작되는 것인가요?

3. 행복하게 살기 위해 우리는 어떻게 해야 하나요?

기도나누기

32. 바울의 거듭남

- 본문 | 사도행전 9장 1~9절
- 찬송 | 254장, 516장, 580장

대부분의 사람들은 모든 종교가 추구하는 것은 다 똑같다고 생각합니다. 하지만 타종교는 인간에 집중되어 있습니다. 즉 모든 것에는 내가 중심입니다. 그런데 기독교는, 내가 중심이 되는 종교가 아닙니다.

우리가 믿는 기독교는 철저한 신본주의적 종교입니다. 하나님에 대한 관심이지 인간으로 향하는, 내게로 향하는 관심이 아닙니다.

그래서 바울도 갈라디아서 2장 20절에 "내가 그리스도와 함께 십자가에 못 박혔나니 그런즉 이제는 내가 사는 것이 아니요 오직 내 안에 그리스도께서 사시는 것이라"고 고백하고 있습니다. 이것이 바로 기독교입니다.

그렇다면 먼저, 오늘 본문에 등장하는 바울은 어떤 성품을 가진 자였습니까?

고린도후서 1장 2절 말씀에 스스로가 '하나님의 열심을 가진 자'로 말하고 있습니다. 바울은 이처럼 적극적이고 능동적인 종교적 열심을 가진 자였습니다.

하나님은 우리가 어떻게 신앙생활하기를 원하실까요? 바울처럼 적극적이고 능동적이며 종교적 열심을 갖고 살아가기를 원하실 것입니다. 또한 바울의 거듭남의 체험은 정신적 육체적 진통의 과정에 있었습니다. 중요한 것은 거듭난 이후 입니다.

바울은 공문을 들고 예수 믿는 자를 잡기 위해 다메섹으로 올라가게 됩니다. 그런데 다메섹 가까이에 홀연히 하늘로부터 빛이 그를 둘러 비추었습니다. 그리고 주님의 음성이 들렸습니다.

"사울아 사울아 네가 어찌하여 나를 박해하느냐." 바울 주변에는 함께 한 많은 사람들이 있었지만 주님의 음성을 듣지는 못했습니다.

"주여 누구시니이까?"

"나는 네가 박해하는 예수라"

예수님에 대한 박해가 곧 하나님에 대한 그릇된 행동이라는 것을 바울은 알지 못했습니다. 우리도 세상에 살 때 "이건 하나님이 원하시는 일이야, 이것은 하나님이 기뻐하시는 일이야." 하면서 행동하지만 그 일이 정작 하나님이 원하시는 일과는 전혀 다른 일일 때가 있습니다. 그래서 지혜가 필요한 것이고 그래서 기도가 필요한 것입니다.

바울은 눈을 떴습니다. 하지만 앞이 보이지 않았습니다. 아마도 그 사실 하나만으로도 바울은 큰 두려움과 고통이 있었을 것입니다.

9절 끝부분에 '그가 사흘 동안이나 먹지도 마시지도 아니했다'는 것은 바울이 예수님을 만난 후 영적으로 큰 변화와 움직임이 있었다는 것을 보여주고 있는 대목입니다. 어려운 신앙적 문제도 결국은 기도입니다. 기도하면 매인 것을 풀어주시는 하나님이십니다.

아나니아는 바울이 겁났지만 말씀에 순종하여, 바울이 있는 집으로 가서 그에게 안수하였습니다. 그래서 바울은, 다시 볼 수 있게 되었습니다.

18절에 "즉시 사울의 눈에서 비늘 같은 것이 벗어져 다시 보게 된지라 일어나 세례를 받고 음식을 먹으매 강건하여지니라"

그리고 바울은 세례를 받았습니다. 이제 예수 믿는 자를 잡아 가두는 '핍박하는 자'에서 예수의 복음을 전하는 '복음전도자'로 소명을 받게 됩니다. 사람의 마음은 평생 바뀌지 않는다고 합니다.

하지만 주님 앞에 녹아지지 않을 사람 없으며, 그 앞에 무너지지 않을 마음 없습니다. 떳떳하고 학식 많았던 율법주의자 바울이 어떻게 자신을 죄인 중에 괴수라 스스로 고백합니까? 예수님 때문에 바뀌었기 때문입니다.

이 따뜻한 복음, 이 좋은 복음을 이웃에게, 세상에게, 내 형제, 자매에게, 친구에게 더 적극적으로 전합시다. 그래서 예수 앞에 무릎 꿇고 자복하여 회개함으로 주님께 돌아오는 자들이 더 많아지도록 함께 노력하시는 여러분이 되기를 바랍니다.

○ 말씀과 함께 하는 나눔 [koinonia]

1. 설교 본문을 한번 더 읽고 말씀이 주는 은혜를 나눠봅시다.

2. 바울은 어떤 성품을 가진 자였고 우리는 어떻게 신앙생활을 해야 하는지 본문에서 찾아봅시다.

3. 내가 받은 구원의 은혜를 적어보고 아직 믿지 않는 전도대상자들에게 구원의 기쁜 소식을 전해봅시다.

기도나누기

33. 너무도 사소하지만
중요한 몇 가지 노력들

· 본문 | 마가복음 5장 18~20절
· 찬송 | 86장, 84장, 94장

예배 가운데 또는 교제가운데 어떻게 행복해질수 있을까요?

너무도 사소한 일이지만, 중요한 노력 몇 가지가 반드시 필요하다 생각하는데 그것을 위해 우리 노력하기를 바랍니다.

그러기 위해서는, **첫째, 웃으십시오.**

이는 서로를 미소로 대하자는 것입니다. 지금부터라도 즐거운 이미지를 남기도록 노력하자는 것입니다.

늘 밝게 웃고, 조금 속상하고 안 좋은 일이 있어도 주님 안에서 행복한 미소를 보인다면, 그래서 모든 성도들이 다 활짝 웃는다면 결코 인상 쓰고, 화난표정을 짓는 사람이 없을 것입니다. 그래서 가장 사소하지만 정말 중요하다고 여겨지는 것이 바로 이런 진심어린 미소를 보이는 것입니다.

둘째, (   )을 바꾸십시오.

성경은 '내 관점'이 아닌 '하나님 관점'입니다. 그래서 '먼저 그의 나라와 의를 구하라'입니다. 내게 필요한 일용한 것은 두 번째입니다. 관점부터가 다릅니다. 관점부터 바꾸어야 합니다. 내 관점으로, 내 이기적인 판단으로 하나님을 보고, 내게 도움이 되느냐 안 되느냐, 내게 축복

· 정답 : 관점

이 임하느냐 그렇지 않느냐에 따라 원망과 불평이 따라오는 이런 내 중심의 관점으로 신앙생활을 하다 보니 불만과 원망이 일상화가 돼버리는 것입니다.

셋째, 조금만 (　　　　　).

하나님이 주시는 어려움, 고난을 인내하지 않고, 참지 못하고 늘 원망과 불평만 가득합니다. 이러니 교회에 와도 웃는 표정이 나오질 않습니다. 좀 참으시기 바랍니다.

넷째, (　　　)한 분위기를 만들어야 합니다.

사도행전 2장에서 성령강림 체험을 하였던 제자들은 열심히 전도하기 시작하였습니다. 베드로와 유대계 제자들은 예루살렘을 중심으로 유대인들에게 전도를 하였습니다.

바울과 디모데를 중심으로 한 이방 전도팀들의 전도 열매도 많이 맺히기 시작했습니다. 그런데 문제가 생겼습니다. 이방인들이 예수님을 믿으면, 과연 유대 율법을 지켜야 하는지에 대한 문제입니다. 그런 문제에 대한 주요 의제가 결의된 것이 바로 예루살렘 회의였습니다. 그 내용이 사도행전 15장 19~21절 내용입니다.

"그러므로 내 의견에는 이방인 중에서 하나님께로 돌아오는 자들을 괴롭게 하지 말고 다만 우상의 더러운 것과 음행과 목매어 죽인 것과 피를 멀리하라고 편지하는 것이 옳으니 이는 예로부터 각 성에서 모세를 전하는 자가 있어 안식일마다 회당에서 그 글을 읽음이라 하더라."

이 말씀의 내용은 쉽게 말해 이제 막 예수를 믿게 된 이방 출신 그리스도인들이 행복하게 신앙생활할 수 있도록 도와주라는 내용입니다.

• 정답 : 참으십시오, 경건

신앙생활은 행복해야 합니다. 그리고 초신자들이 신앙생활을 잘 할 수 있는 분위기를 만들어주어야 한다는 것이 중요합니다. 예수를 잘 믿을 수 있도록 도와줄 것은 도와주고 허용할 것은 허용해주라는 것입니다. 교회는 늘 복음을 배우고 가르치는 공동체가 되어야 합니다.

"내가 너희에게 분부한 모든 것을 가르쳐 지키게 하라 볼지어다 내가 세상 끝날까지 너희와 항상 함께 있으리라 하시니라."(마28:20)

늘 기쁨으로 웃고, 하나님 관점으로 바꾸며, 인내하고 참으며, 경건한 분위기를 유지할 때 교회는 더 부흥하고 우리 믿는 자들은 더 행복해질 것입니다.

○말씀과 함께 하는 나눔 [koinonia]

1. 설교 본문을 한번 더 읽고 말씀이 주는 은혜를 나눠봅시다.

2. 교회 부흥을 위해 너무도 사소하지만 매우 중요한 노력 네 가지를 기록해봅시다.

3. 그밖에 교회 안에서 노력해야 할 일들, 삼가야 할 일들을 서로 이야기 나눠봅시다.

기도나누기

34. 단 한 번의 기회를 놓치지 말라

- 본문 | 사도행전 8장 26~40절
- 찬송 | 302장, 310장, 347장

오늘 말씀에서 빌립은 에디오피아 내시를 전도하는 장면이 나옵니다. 빌립은 이 전도의 기회를 놓치지 않았습니다. 그럴 수 있었던 것은 성령님의 이끄심이 있어서였습니다.

성령께서 함께하시지 않는 복음 전파는 온전할 수가 없습니다. 성령님은 전도자의 입술을 주관하시고, 행동을 주관하시어 친히 나갈 길을 보여주십니다.

우리는 인생의 순례자입니다. 성령님은 복음을 전할 때 뿐 아니라, 우리 삶을 주관하시고, 구원의 길로 이끄시며 우리가 참다운 기쁨을 누릴 수 있도록 항상 함께하십니다.

성령님은 빌립에게 구체적으로 지시하십니다.

8장 26절에 보면 "주의 사자가 빌립에게 말하여 이르되 일어나서 남쪽으로 향하여 예루살렘에서 가사로 내려가는 길까지 가라 하니 그 길은 광야라"(행8:26)

성령님은 빌립에게 예루살렘에서 가사로 내려가라고 명령하였습니다. 빌립이 그 말씀에 순종하여 갑니다. 그랬더니 그때 에디오피아의 여왕 간다게의 모든 국고를 맡은 관리인 내시를 만나게 됩니다.

우리 일상의 삶도 마찬가지입니다. 우리를 세밀하게 이끄시는 분은 성령님이십니다. 성령님은 우리가 처할 곳이 어디인지, 어떤 행동을 해야 하는지, 어느 곳 누구에게 향해야 할지를 인도하십니다.

세밀하신 성령님께서 빌립에게 지시하십니다.

"성령이 빌립더러 이르시되 이 수레로 가까이 나아가라"(행8:29)

빌립은 성령님의 이끄심에 순종하여 수레로 가까이 가 그 내시에게 묻습니다.

"빌립이 달려가서 선지자 이사야의 글 읽는 것을 듣고 말하되 읽는 것을 깨닫느냐"(행8:30)

그때 에디오피아 내시는 "...지도해 주는 사람이 없으니 어찌 깨달을 수 있느냐 하고 빌립을 청하여 수레에 올라 같이 앉으라 하니라"(행8:31)

수레에 올라타자마자 내시는 빌립에게 자신이 궁금한 부분을 묻습니다. 여기서 인용된 성경구절은 이사야 53장 7절 말씀인데, 메시아의 수난과 관련된 예언입니다. 그때 빌립은 그 고난 받는 메시아가 누구인지 상세하게 설명을 해줍니다.

빌립을 통해 에디오피아 내시는 예수를 믿게 되고, 구원을 받았습니다. 너무도 기쁜 나머지 그 자리에서 결심하여 세례를 받고 예수를 믿게 됩니다.

그런데 39절 말씀에 보면, "그를 다시 보지 못하니라" 기록하고 있습니다. 빌립과 내시 두 사람의 이 만남이 처음 만남이자 마지막 만남이었던 것입니다. 그로 인해 한 번의 기회를 통해 에디오피아 내시는 구원을 받게 되었습니다.

여러분, 다른 무엇보다 복음을 전할 기회를 놓치지 않았으면 좋겠습니다. 우리가 정말 착각하는 것이 내 가족이나 친구들은 복음을 전할 기회가 많다고 생각합니다.

에디오피아 내시는 그렇게 온 예루살렘이 발칵 뒤집히고, 예수의 복음이 불같이 전파됨에도 불구하고 예수를 몰랐습니다. 소문으로 알았더라도 참 메시아임을 몰랐습니다. 우리는 빌립처럼 알게 해야 합니다. 빌립이 전한 그 한 번의 복음으로 말미암아 지금의 에디오피아는 기독교 국가가 되었습니다. 복음 전파에는 '다음'이란 있을 수 없습니다.

오늘이 복음을 전할 마지막 기회라고 생각하십시오. 혼신의 힘을 다해 우리는 복음을 전해야 합니다. 더 열심히 가르쳐야 합니다. 오늘 전하는 이 복음이 마지막 기회일 수도 있다는 사실을 자각하시고 힘써 전도하시기를 바랍니다.

○ 말씀과 함께 하는 **나눔** [koinonia]

1. 설교 본문을 한번 더 읽고 말씀이 주는 은혜를 나눠봅시다.

2. 빌립이 에디오피아 내시를 전도할 수 있었던 이유는 무엇이며, 전도한 이후에 일어난 일은 무엇입니까? 본문에서 찾아봅시다.

3. 그동안 여러 가지 이유로 미루어 왔던 전도대상자를 생각해보고 전도대상자의 구원을 위한 계획을 기도로 세워 실천해봅시다.

기도나누기

35. 구원받는 세 사람

- 본문 | 사도행전 16장 27~34절
- 찬송 | 289장, 286장, 300장

오늘 말씀을 통해 구원받은 세 사람에 대해 살펴보고자 합니다.

첫번째, 자주색 옷감을 파는 (　　　　)입니다.

루디아는 당시 자주색 옷감을 파는 상인이었습니다. 자주색 옷감은 왕족이나 귀족들이 입는 옷이기 때문에 루디아는 이들 상류층과 상당한 친분이 있었을 것입니다. 루디아는 바울을 만나게 되었고 그로 인해 예수를 믿게 되었습니다. 루디아는 그녀의 기질답게 바울에게 15절에 이렇게 말합니다.

"그와 그 집이 다 세례를 받고 우리에게 청하여 이르되 만일 나를 주 믿는 자로 알거든 내 집에 들어와 유하라 하고 강권하여 머물게 하니라"

루디아의 열심 있는 신앙으로 인해 그 루디아의 집에서부터 빌립보 교회가 시작되었습니다. 루디아는 바울에 의해 복음을 받아들인 유럽 최초의 회심자였습니다. 루디아는 열심으로 주를 섬겼고, 바울의 선교에 적극적인 동역자가 되었습니다. 특별히 루디아는 선교에 필요한 재정을 지원하며 바울의 선교사역을 도왔습니다.

둘째, (　　　)을 치는 한 여종이 구원 받았습니다.

빌립보로 온 바울과 실라는 빌립보에서 열심히 전도하였습니다. 그런데 그곳에서 점치는 귀신들린 여종 하나를 만나게 됩니다. 그런데

- 정답: 루디아, 점

그 귀신들린 여종은 바울이 전도하는 곳마다 따라다니며 소리를 질러 댔습니다.

결국 바울은 예수 이름의 능력을 힘입어 귀신을 내쫓았습니다. 그러자 이 여종은 그 즉시 예수를 영접하고 복음을 받아들였을 것입니다.

그런데 여종이 정상으로 돌아왔을 때 어떤 일이 생깁니까? 그 주인은 더 이상 소득이 생겨나지 않게 되었던 것입니다. 그래서 그 여종의 주인은 화가 나서 바울과 실라를 붙잡아 고소하게 됩니다.

점치는 여종의 주인은 20~21절에 "상관들 앞에 데리고 가서 말하되 이 사람들이 유대인인데 우리 성을 심히 요란하게 하여 로마 사람인 우리가 받지도 못하고 행하지도 못할 풍속을 전한다 하거늘"

얼마나 어이없는 일입니까? 하지만, 귀신들린 여종은 정상으로 돌아와 주를 영접하게 되었습니다.

셋째, 구원받은 (　　　)가 있습니다.

바울은 점치는 여종의 주인으로 인해 빌립보 감옥에 갇히게 되었습니다. 감옥에 갇힌 바울과 실라는 매 맞고 찢기고 피가 나 괴로웠지만 그들에게서 하나님의 은혜의 찬송이 쏟아져 나왔습니다. 그런 감사 찬송을 드리자 기적이 일어났습니다.

26~27절에 "이에 갑자기 큰 지진이 나서 옥터가 움직이고 문이 곧 다 열리며 모든 사람의 매인 것이 다 벗어진지라 간수가 자다가 깨어 옥문들이 열린 것을 보고 죄수들이 도망한 줄 생각하고 칼을 빼어 자결하려 하거늘"

당시 죄수를 놓치면 죄수가 받을 형벌을 간수가 다 받아야 했습니다. 그래서 간수는 칼을 빼어 자결하려 하였습니다. 그때 바울은 크게 소리를 지르며 "네 몸을 상하지 말라 우리가 다 여기 있노라"

• 정답: 간수

111

그러자 간수는 29~30절에 "무서워 떨며 바울과 실라 앞에 엎드리고 그들을 데리고 나가 이르되 선생들이여 내가 어떻게 하여야 구원을 받으리이까 하거늘" 그렇게 절망과 자포자기에 빠져있는 간수에게 바울은 "주 예수를 믿으라 그리하면 너와 네 집이 구원을 받으리라" 강하게 선포하였습니다. 그리고 간수 뿐 아니라 그 가족에게도 복음을 전했습니다. 말씀을 통해 간수와 가족은 변화 받은 것입니다.

구원받은 루디아, 구원받은 여종, 그리고 구원받은 간수와 그의 가족. 하나님은 이들에게 값진 구원의 길을 선물했던 것처럼 지금도 세상의 모든 민족을 다양한 방법으로 구원시키고 계십니다. 영혼 살리는 일에 매진하고 노력하는 저와 여러분이 되기를 바랍니다.

○ 말씀과 함께 하는 **나눔** [koinonia]

1. 설교 본문을 한번 더 읽고 말씀이 주는 은혜를 나눠봅시다.

2. 루디아의 회심은 어떤 의미가 있는지 본문에서 찾아 나눠봅시다.

3. 주변에 구원을 받은 사람들의 간증을 들어보고 하나님의 놀라운 구원의 방법에 대하여 묵상해봅시다.

기도나누기

36. 믿음의 소원과 실력 사이에 간격을 줄이는 몇 가지 방법

· 본문 | 요한복음 11장 17~27절
· 찬송 | 94장, 182장, 252장

'죽은 나사로를 살리신 사건'은 주님께서 우리 믿음을 어디까지 요구하시는지 잘 체크해볼 수 있는 내용입니다.

나사로가 죽었습니다. 그런데 죽은 나사로에게는 두 명의 여동생들이 있었습니다. 바로 마리아와 마르다였습니다. 예수님이 와보니 나사로는 이미 죽은 지 나흘이 지났습니다.

그때 마르다는 예수님을 원망했습니다. 하지만 마르다에게는 예수님에 대한 믿음이 있었습니다. 그래서 예수님께 "만약 지금이라도 당신께서 어떤 것이든 하나님께 구하시면 하나님께서 주실줄 압니다."(22절) 라고 말합니다. 이것은 믿음이라기보다 일종의 자기 확신이었습니다.

마르다의 믿음이 깊지 못하다는 사실은 다음 대사에서 더 명확히 드러나고 있습니다. 예수님은 마르다에게 "네 오라비가 다시 살아나리라"(23절)고 말씀하셨습니다. 그런데 마르다는 단지 "마지막 날 부활 때에는 다시 살아날 줄을 내가 아나이다."(24절)고 고백합니다.

그때 예수님은 마르다에게 "...나는 부활이요 생명이니 나를 믿는 자는 죽어도 살겠고 무릇 살아서 나를 믿는 자는 영원히 죽지 아니하리니 이것을 네가 믿느냐"(25절)고 말씀하십니다.

이 말씀은 당신만이 부활과 생명을 주관하는 유일무이한 자이심을 말씀하시는 일종의 자기 선포입니다. 또한 살아서 믿는 자는 영원히 죽지 않는다고 말씀하셨는데 여기서 '살아서'라는 말은 곧 성령으로 거듭난 자를 말하고 그런 자는 영원히 죽지 않고 영생에 이른다고 말씀하신 것입니다. 그렇게 말씀하시면서 마르다에게 "이런 사실을 네가 믿느냐?"고 물으셨습니다.

예수님은 마르다에게 부활의 믿음을 요구하고 계신 것입니다. 예수님께서 자기 부활과 생명의 주라는 자기 선포를 하시자 마르다는 비로소 확고한 믿음의 고백을 하게 된 것입니다.

우리 믿음의 이상과 현실은 다릅니다. 예수 믿는 자라면 누구나 믿음의 소원이 있습니다. 하지만 믿음의 진전이 없이 그저 바람으로 끝나 버리는 예가 너무도 많습니다. 그래서 믿음의 소원과 믿음의 실력 사이의 간격을 줄이는 몇 가지 방법이 필요하다고 생각하는데,

첫째, 믿음을 (   )해야 한다는 사실입니다.

우리 기독교 신앙은 상호 관계적입니다. 내 믿음이 다른 자들에게 도전이 되어야 하고, 내 믿음이 성경이 말한 믿음의 실천대로 나타나야 합니다.

둘째, 믿음도 딥러닝(Deep Learning) 되어야 합니다.

부단히 말씀을 배워야 합니다. 믿음은 말씀을 통해 더 굳건해지기 마련입니다.

셋째, 믿음은 (   )과 (   )이 있어야 합니다.

믿음은 연단 속에 더 자극을 받게 되고 성장하게 됩니다. 예수님께서 40일간 금식하시며 사단의 세 가지 유혹을 물리치시고, 세례요한에게 세례 받으시고 난 이후 제일 먼저 선포하신 말씀은 회개하고 복음을

• 정답: 사용, 시련, 연단

믿으라는 메시지입니다.

복음은 믿는 것입니다. 그 복음 중에 핵심은 바로 부활의 믿음입니다. 마르다의 믿음을 확인한 예수님은 돌을 옮길 것을 요구하셨습니다. 이것은 죽었던 나사로를 다시 살려내시기 위한 최소한의 믿음의 요구였습니다. 하나님은 그것을 우리 삶 가운데 요구하고 계십니다.

여러분, 부활의 믿음을 소유해야 합니다.

우리는 "몸의 부활과 영생을 믿으며..." 하면서 날마다 신앙고백하고 있습니다. 그 고백대로 믿고 실천하는 저와 여러분이 되기를 바랍니다.

○ 말씀과 함께 하는 나눔 [koinonia]

1. 설교 본문을 한번 더 읽고 말씀이 주는 은혜를 나눠봅시다.

2. 믿음의 소원과 믿음의 실력 사이의 간격을 줄이는 방법은 무엇이 있는지 본문에서 찾아 나눠봅시다.

3. 한 주간 하루에 세 번씩 주님 앞에 우리 신앙의 고백을 드려봅시다.

기도나누기

37. 네 믿음이 너를 구원하였느니라

- 본문 | 누가복음 18장 35~43절
- 찬송 | 191장, 259장, 90장

예수님께서 말씀하신 믿음대로 사는 길은 무엇인가? 믿음이 무엇입니까? 믿음은 하나님에 대한 확신을 말합니다.

성경에서 믿음이 무엇이라고 말합니까? 히브리서 11장 1~2절 말씀에 "믿음은 바라는 것들의 실상이요 보이지 않는 것들의 증거니..."

또한 믿음은 하나님과의 올바른 관계와 교통에 반드시 필요한 조건입니다. 그렇다면 왜 믿음이 중요합니까? 믿음을 소유하느냐 못하느냐가 영생을 결정짓게 한다는 사실을 성경은 말하고 있기 때문입니다.

로마서 1장 17절에 "오직 의인은 믿음으로 말미암아 살리라" 기록하고 있습니다. 그렇다면 성경은, 우리 믿는 자에게 어떤 믿음을 요구하고 있습니까?

첫째, (   )를 믿는 믿음을 소유해야 할 것입니다.

우리 기독교의 믿음이란 예수님께로 집중된 믿음입니다. 예수를 믿는 믿음은 궁극적인 구원과 관련되어 있습니다.

그런데 예수님은, 예수를 믿는 믿음은 분명 내세에 확실한 소망이지만 또한 이 세상 속에서의 세상을 이겨내고 해결하는 해결책이 된다는 사실을 말씀하고 계십니다. 예수님께서 믿음에 대해 입버릇처럼 말씀하신 내용이 있습니다. 바로 "네 믿음이 너를 구원하였다." 라는 말입니다.

- 정답 : 예수

한번은 예수님께서 여리고로 가셨을 때 한 눈 먼 자가 길가에서 구걸하고 있었습니다. 그런데 나사렛 예수가 지나간다는 소리를 들은 눈 먼 자는 고래고래 소리쳤습니다. 예수님께서 맹인에게 "네게 무엇을 하여 주기를 원하느냐" 물으셨습니다. 그때 맹인은 "주여 보기를 원하나이다."(눅 18:41) 라고 말합니다. 예수님께서 그의 마음을 아시고 "네 믿음이 너를 구원하였느니라" 말씀하셨습니다.

이 말이 떨어지자 곧 보게 되었고, 그 맹인은 보게 되어 하나님께 영광을 돌리며 찬양하였습니다. 그런데 이 구원이 인생의 궁극적인 구원만을 말씀하고 계십니까? 구원은 우리가 생각하는 구원이 아니라, 현실의 문제 해결입니다.

여러분, 이처럼 믿음은 현실의 문제해결의 큰 도구가 됩니다. 그렇다면 이 맹인의 믿음은 어떤 믿음이었습니까? 먼저 예수님은 자신을 낮게 해주실 능력이 있으신 분이라는 사실을 믿었습니다.

또한 그런 능력을 가지신 예수님께서 분명 오늘 자신의 눈을 뜨게 해주실 것이라는 믿음도 가지고 있었습니다.

둘째, 더 (　　　) 믿음이 있습니다.

마가복음 5장에서, 열두 해를 혈루증으로 앓아 온 한 여인의 이야기를 볼 수 있습니다. 그녀가 가졌던 믿음이 무엇이었습니까? 예수님의 옷자락만 만져도 자신의 병이 나을 것이라는 더 깊은 믿음이었습니다. 절망의 상황에서 이 여인은 예수님을 만나게 되었고 단지 예수님의 옷자락을 만진 것이 전부인데도 깨끗하게 치유받았습니다. 그때 예수님께서 "...딸아 네 믿음이 너를 구원하였으니"(34절)

그렇습니다. 예수님도, 믿음에도 차이가 있음을 인정하셨습니다. 왜 문제 해결을 못 받습니까? 대부분은 주님께서 요구한 수준의 믿음이

• 정답 : 깊은

아니었기에 해결되지 않은 것입니다.

반면 옷자락만 만져도 자신의 병이 나을 것이라는 여인의 믿음은 한 차원 높은, 주님이 기뻐하고 칭찬하실만한 믿음이었습니다.

믿음은 분명 예수님을 믿는 믿음이어야 합니다. 그 예수를 믿는 믿음으로 우리는 구원받는 것이고 그 구원은 현생과 내생이 포함된 구원입니다. 또한 믿음에도 차이가 있습니다.

이 시간을 통해 내 믿음을 점검해보시고, 더 강한 믿음을 소유할 방법을 말씀에서 찾으시기 바랍니다. 그래서 예수를 믿는 믿음으로 늘 승리의 길로 나가시는 저와 여러분이 되기를 바랍니다.

○ 말씀과 함께 하는 **나눔** [koinonia]

1. 설교 본문을 한번 더 읽고 말씀이 주는 은혜를 나눠봅시다.

2. 성경이 믿는 자에게 요구하는 믿음은 무엇인지 본문에서 찾아 나눠봅시다.

3. 지금 내가 가진 믿음은 하나님이 기뻐하실만한 믿음인지 점검해보고 강한 믿음을 소유하기 위해 변화되어야 할 나의 모습을 찾아봅시다.

기도나누기

38. 순교자의 심장으로 살라

· 본문 | 사도행전 12장 1~12절
· 찬송 | 254장, 95장, 94장

오늘 말씀은 야고보가 헤롯에 의해 순교 당한 사실을 설명하고 있고, 또한 옥에 갇힌 베드로가 성도들의 기도와, 성령의 이끄심을 통해 기적 같은 방법으로 풀려나오는 장면을 기록하고 있습니다.

이 말씀을 통해 우리는 무엇을 기억하고 실천해야 할까요?

첫째, 순교자의 (　　　)으로 살아야 할 것입니다.

오늘 첫 1절의 시작은 야고보가 순교 당한 내용입니다. 사실 야고보의 처음 모습은 악하고, 불같은 다혈질적인 성격의 소유자였습니다. 또한 야고보는 명예욕과 권력욕이 많았던 인물이었습니다. 그런데 그 야고보, 요한은 완전히 변했습니다. 예수 믿는다는 것은 이처럼 옛날 못된 습관, 행실이 다 사라지는 것입니다.

주님께서 야고보와 요한에게 말씀하셨듯이 주님이 건네시는 고난의 잔을 마실 수 있습니까? 순교자적 정신과 심장을 가지고 사는 것은 고난의 잔을 수시로 마시는 것입니다.

예수님은 제자들에게 말씀하셨습니다.

사도행전 1장 8절에 "오직 성령이 너희에게 임하시면 너희가 권능을 받고 예루살렘과 온 유대와 사마리아와 땅 끝까지 이르러 내 증인이 되리라 하시니라" 여기서 증인이 되는 것은 내 사명을 위해 죽으라, 죽게 될 것이라는 말과 같습니다.

· 정답 : 심장

둘째, 순교자의 심장의 가장 강력한 동력은 (   )입니다.

헤롯왕은 야고보를 죽이고 내친김에 베드로도 잡아들였습니다. 그리고 베드로 역시 잡혀 감옥에 던져지게 되었습니다. 이렇게 베드로가 옥에 갇혔을 때 교회 믿음의 식구들은 어떤 노력을 했습니까?

5절 "이에 베드로는 옥에 갇혔고 교회는 그를 위하여 간절히 하나님께 기도하더라"

우리가 진정 순교자의 심장을 가지고 신앙생활하고자 결심한다면 열심히 기도해야 합니다. 이렇게 성도들이 간절히 기도했더니 베드로는 기적과 같은 방법으로 감옥에서 나오게 되었습니다.

셋째, 순교자의 심장을 갖고 기도하며 살면 일상에 (   )이 찾아오고 스트레스가 없어집니다.

감옥에 갇힌 베드로는 헤롯왕이 백성 앞에 끌어내려 했던 그 전날 밤까지 두 군인 틈에서 쇠사슬에 묶인 채 잠을 자고 있었다고 기록하고 있습니다. 그런데 주의 사자가 광채의 빛을 내며 베드로에게 나타났습니다. 그리고는 베드로의 옆구리를 쳐서 흔들며 "급히 일어나라" 하면서 깨웠다고 하였습니다. 그랬더니 쇠사슬이 벗겨졌고, 또 신발도 신으라고 말했습니다. 베드로는 잠결에 천사를 따라갔습니다.

베드로가 시내로 통한 쇠문에 이르렀더니 문이 저절로 열려 밖으로 나오게 되었다고 기록하고 있습니다.

죽음을 앞둔 사람이 어떻게 깊은 잠을 잘 수 있을까? 베드로는 믿었던 것입니다. 설령 야고보처럼 죽임 당한다 해도 두려울 것이 없는, 소망으로 가득 찬 사도였다는 것을 알 수 있습니다. 이런 힘이 어디에서 나오겠습니까? 하나님과 친밀한 관계 속에서 나옵니다. 그 친밀함은 기도만이 가능케 합니다.

• 정답 : 기도, 평안

여러분, 순교자적인 심장을 더 강하게 만드는 것은 영적 생명줄인 기도입니다.

초대교회에 환란이 왔습니다. 이런 박해와 핍박과 순교 속에서 기독교는 어떻게 되었습니까? 믿는 자들이 핍박받는 그 순간에 오히려 하나님의 말씀은 더욱더 "흥왕하여 더하더라"는 말씀을 기억하시기 바랍니다.

오늘도 순교자의 심장을 가지고, 교회의 부흥을 위해 더욱더 내 소명을 감당하시기 바랍니다.

○말씀과 함께 하는 나눔 [koinonia]

1. 설교 본문을 한번 더 읽고 말씀이 주는 은혜를 나눠봅시다.

2. 베드로가 감옥에서 나오게 된 이유는 무엇이었으며, 어떻게 나오게 되었는지 본문에서 찾아봅시다.

3. 하나님이 우리 교회와 나에게 주신 소명은 무엇인지 생각해보고 그 소명을 위해 한 주간 실천해봅시다.

기도나누기

39. 후회의 삶이 아닌 회개의 삶을 살라

- 본문 | 마태복음 27장 3~8절
- 찬송 | 95장, 96장, 488장

오늘 말씀은 예수님을 팔아넘긴 가룟유다가 죄책감에 시달리다 자살이라는 극단적인 행동으로 삶을 마감하는 장면이 기록되어 있습니다.

회개가 무엇입니까? 회개는 (   )입니다.

회개는 한마디로 전인격적 변화입니다. 마음의 느낌과 구조의 강렬한 하나님의 임재하심을 통해 벌어지는 하나님께 대한 영적 굴복입니다. 이는 아주 귀한 성령님의 사역입니다.

회개의 삶이 얼마나 중요한지 예수님께서도 많이 말씀하셨습니다. 누가복음 15장 7절 말씀을 보면 "...죄인 한 사람이 회개하면 하늘에서는 회개할 것 없는 의인 아흔아홉으로 말미암아 기뻐하는 것보다 더하리라"(눅15:7)

스승을 팔아넘긴 배신자 가룟 유다는 과연 이런 큰 잘못을 하고서 회개 했을까요? 하지 않았습니다. 유다는 죄 없는 스승을 팔아 넘겼다는 자책감에 괴로워했습니다. 그 괴로움을 견디지 못하고 결국 자살이라는 돌이킬 수 없는 극단적인 선택을 하게 됩니다. 그가 심판받은 이유는 스승을 팔아버린 배신자라는 이유보다, 자살이란 극단적인 행동을 선택한 이유에 있습니다.

오늘 3절 말씀에 "그때에 예수를 판 유다가 그의 정죄됨을 보고 스스로

- 정답 : 변화

뉘우쳐..." 이렇게 기록하고 있는데 여기서 주목할 것이 가룟 유다가 뉘우쳤다는 대목입니다.

뉘우친 게 회개 아닙니까? 여기서 '뉘우쳤다'는 말은 헬라어 '메타멜레 데아스'라는 단어로 전인격적인 회개를 뜻하는 '메타노에인'과는 다른 뜻의 뉘우침입니다. 이 단어는 그냥 자신이 행한 일에 대한 자책과 후회를 뜻하는 단어입니다. 하나님은 우리에게 후회의 삶을 살지 말고, 회개의 삶을 살아야 할 것을 말씀하고 계십니다.

그렇다면 회개와 후회는 어떤 차이가 있습니까?

먼저, 발생의 근원이 어디에서부터 비롯되는가의 차이입니다. 회개든 후회든 둘 다 감정의 변화임은 분명합니다. 하지만 회개는 타율적인 변화입니다. 내가 독립적으로 이루어질 수 없는 일입니다. 반면 후회는 지극히 개인적인 자율적 감정의 변화입니다.

회개는 성령의 사역이기에 결코 내 자의로 발생하는 감정의 변화가 아닙니다. 성령님에 의한, 다시 말해 타율적 작용에 의해 발생하는 개인 심령의 변화, 이것이 회개입니다.

요한계시록 2장 21절 말씀을 보면 "또 내가 그에게 회개할 기회를 주었으되 자기의 음행을 회개하고자 하지 아니하는도다."(계2:21)라고 기록하고 있습니다. 회개의 기회를 주님께서 주셨다고 기록하고 있습니다. 회개시키는 주체가 누구입니까? 바로 예수님입니다.

그렇다면 주님을 부인한 베드로는 어떠했습니까? 가룟 유다도, 베드로도 예수님께 큰 잘못을 저질렀습니다. 새벽닭이 울 때, 통곡했던 베드로는 마가복음(14:72)에서는 울더라고 기록되어 있습니다. 울었다고 표현되어있지 진정으로 회개했다는 말은 없습니다.

그럼에도 우리는 베드로가 새벽닭이 울던 그때 진정으로 회개했을 것이라 생각하는 이유가 무엇입니까? 먼저 그의 행동의 변화입니다.

진정한 회개는 반드시 행동의 변화가 일어납니다.

베드로는 예수님의 말씀대로, 마지막까지 주님의 복음사역을 감당하다가 순교당합니다. 반면 가룟 유다는 베드로와 달리 자살로 자신의 잘못의 틈을 메우려 했습니다.

어떻게 살아야 합니까? '후회의 삶'이 아닌 '회개의 삶'으로 살아야 합니다. 자책감으로 괴로워하는 가룟 유다가 되지 말고, 조금 뻔뻔하더라도 진정한 회개를 통한 행동의 변화가 있는 베드로가 되시기 바랍니다. 내 안과 밖을 살피시는 그분을 의지하며 후회의 삶이 아닌 회개의 삶으로 더 큰 기쁨을 누리시며 사시기를 소망합니다.

○ 말씀과 함께 하는 **나눔** [koinonia]

1. 설교 본문을 한번 더 읽고 말씀이 주는 은혜를 나눠봅시다.

2. 주님을 부인한 베드로가 회개하고 돌아서서 어떤 행동의 변화를 보였는지 성경에 나온 내용을 서로 이야기해봅시다.

3. 지금까지 신앙생활하면서 가장 심각하게 후회한 적이 있거나, 가장 큰 회개 기도를 한 적이 있다면 서로 이야기해봅시다.

기도나누기

40. 세 가지 결심

- 본문 | 로마서 12장 1~2절
- 찬송 | 540장, 542장, 543장

교회는 분명 목표가 있습니다. 다시 말해 우리가 목표대로 나가기위한 저와 여러분의 결심입니다. 이런 결심이 있어야 목표가 순항한다는 것이지요.

첫째, 진정한 (　　　　　)를 드리라는 것입니다.

영적 예배는 '몸으로 거룩한 산 제사를 드리는 것'입니다. 행동하는 것이 거룩한 예배, 거룩한 산 제사인 것입니다. 이런 산 제사의 예배, 영적 예배가 무엇인가는 요한복음 4장 24절에서 말씀하고 있습니다. 영적 예배를 왜 영과 진리로 드리는 예배라고 하셨을까요?

하나님은 몸으로 거룩한 산 제사를 드리는 것이라 하셨습니다. 예배는 내 자신 내 인격으로 드려야 한다는 것입니다.

산 제사는 곧 내 몸으로 움직여 나를 드리는 제사입니다. 하나님이 더 원하시는 것은 단지 예배보다 진정한 예배자인 것입니다. 즉 나를 온전히 드리는 예배자를 원하십니다.

산 제사는 구약의 의식적 제사가 아닌 신약 시대의 온전한 예배와 생활의 모범을 의미하는 것입니다. 예수님도 영적 예배를 강조하셨습니다. 절대적으로 예배는 하나님을 의식하고 하나님께만 편중되어야 하는 것입니다.

하나님께서 영적 예배를 강조한 이유는, 성도 개개인의 믿음과 순결

- 정답 : 영적 예배

125

한 생활, 헌신을 원하신 것입니다. 축복을 받으려면 예배의 성공자가 되어야 합니다. 어떤 성도가 되었든 예배를 잘 드리면 하나님께 큰 은혜를 받기 마련입니다. 진정한 예배를 드리십시오. 결심하십시오.

둘째, 이 세대를 (   ) 말아야 할 것입니다.

'이 세대'가 무엇입니까? 사람의 뜻, 전통, 유행, 인간적 문화, 자기 정욕 같은 것이라고 보아야 할 것입니다.

우리는 이 세대를 본받는 것이 아닌, 모범적 선진들을 본받아 더욱더 하나님 일에 집중하고 변화되는 삶을 살아야 할 것입니다.

셋째, 하나님이 기뻐하시는 (   )이 무엇인지 분별하여 행동해야 할 것입니다(마 7:21).

분별하는 것은 정말 중요합니다. 하나님의 성품을 알려면 성경을 봐야 합니다. 하나님의 모든 기뻐하시는 뜻은 성경에 나와 있습니다. 하나님은 무엇을 기뻐하십니까?

"믿음이 없이는 하나님을 기쁘시게 하지 못하나니 하나님께 나아가는 자는 반드시 그가 계신 것과 또한 그가 자기를 찾는 자들에게 상 주시는 이심을 믿어야 할지니라"(히11:6)

또한 마태복음 8장 10절에 '말씀의 능력을 믿는 신앙'을 기뻐하십니다. 하나님은 성도간의 친교와 아름다운 교제를 기뻐하십니다(시 133:1). 성령 충만을 기뻐하시고(눅 10:21) 정직을 기뻐하시며(대상 29:17) 순종도 기뻐하시고(삼상 15:22) 충성도 좋아하시며(마 25:21) 진정한 회개도 기뻐하십니다(눅 15:24, 마 18:22).

우리는 하나님을 의지해야 합니다. 성경은 의지하는 것보다 그냥 맡기는 것을 더 좋아한다고 기록하고 있습니다(시 37:5, 사 48:17, 벧전 5:7).

• 정답 : 본받지, 뜻

너희 염려를 다 주께 맡기라 이는 그가 너희를 돌보심이라(벧전5:7)

하나님께서 주시는 기회를 따라 행하는 것이 중요합니다.

사무엘상 10장 7절 말씀에 보면 "기회를 따라 행하라"는 말씀이 있습니다. 우리가 하나님 앞에서 인간의 지혜를 앞세우지 말고 순리대로 살면서 하나님께 순종만 잘하면 손해 없는 열매를 거두신다는 말을 믿어야 한다는 것입니다.

영적 예배를 드리기로 결심하십시오. 또한 이 세대를 본받지 말고, 오직 말씀 따라, 말씀대로 행동합시다. 마지막으로 하나님이 기뻐하시는 뜻이 무엇인지 알고 분별하여 실천할 것을 결심하시기 바랍니다.

○ 말씀과 함께 하는 나눔 [koinonia]

1. 설교 본문을 한번 더 읽고 말씀이 주는 은혜를 나눠봅시다.

2. 하나님께서 우리에게 원하시는 예배란 어떤 것인지 본문에서 찾아 나눠봅시다.

3. 올해 꼭 이루고 싶은 삶의 결심과 교회에서 이루어야 할 결심을 적어보고 바로 실천해봅시다.

기도나누기

41. 내 인생의 아골 골짜기를 지날 때

- 본문 | 고린도전서 10장 13절
- 찬송 | 589장, 588장, 592장

내 인생에 고난은 늘 다가옵니다. 그렇다면 고난은 우리에게 어떤 의미가 있습니까?

첫째, 고난도 하나님의 (　　　)임을 기억하시기 바랍니다.

고난과 아픔, 통증도 하나님의 선물입니다. 만약 뼈가 부러졌다고 생각해보세요. 아픈 게 당연한 것입니다. 그건 통증을 치료하라는 신호입니다. 통증이 없다고 생각해보세요. 통증이 없다면 부러지거나 금이 간 상태에서도 아무렇지 않게 살게 됩니다. 그리고 결국 그 뼈는 영영 망가질 수밖에 없을 것입니다.

통증, 아픔, 고통, 고난, 스트레스 이 모두가 다 하나님께서 우리를 지키시기 위한 보호 장치라는 것입니다. 그렇기에 우리가 일상에서 겪는 크고 작은 고민과 갈등도 올바른 삶을 위한 진통이라는 것이지요.

사실 역설적으로 그렇게 아파야 살 수 있는 겁니다. 그래서 고난은 반드시 필요한 과정입니다.

둘째, 하나님은 내가 당한 고난을 맡기기보다 (　　　　)를 원하십니다.

성경은 아예 우리가 당할 시험 범위까지 정확히 규정하고 있습니다. "사람이 감당할 시험밖에는 너희에게 당한 것이 없나니 오직 하나님은 미

- 정답 : 선물, 풀어가기

쁘사 너희가 감당치 못할 시험당함을 허락지 아니하시고 시험당할 즈음에 또한 피할 길을 내사 너희로 능히 감당하게 하시느니라."(고전10:13)

"너희로 능히 감당하게 하시느니라" 여기서 '너희로 능히 감당하게...'는 내게 다 고통과 고난을 집어 던지라는 것이 아니라, 감당하게 하신다는 것입니다.

여러분, 혹시 지금 내 상태가 아골 골짜기와 같다고 생각하십니까? 하지만 하나님을 기대하십시오. 하나님은 그 아골 골짜기를 소망의 문으로 만드시는 분입니다(호2:14-15).

"내가 저를 개유하여 거친 들로 데리고 가서 말로 위로하고 거기서 비로소 저의 포도원을 저에게 주고 아골 골짜기로 소망의 문을 삼아주리니 저가 거기서 응대하기를 어렸을 때와 애굽 땅에서 올라오던 날과 같이 하리라"(호2:14-15)

여호수아 시대에 요단강을 건넌 후 가나안의 여러 성을 치면서 하나님께서는 전승물을 모두 하나님께 바치고 손을 대지 말라고 하셨습니다. 그러나 아간이 하나님의 것을 도적질했습니다.

결국 아간은 그에 속한 모든 것을 끌고 가서 돌로 치고 그 위에 돌무더기를 크게 쌓았습니다. 아간은 이처럼 하나님께 심판을 당했는데, 이곳이 바로 아골 골짜기입니다.

이런 아골 골짜기, 죽음의 골짜기 같은 내 삶, 그런 내 굴곡 많은 삶이라 할지라도 기쁨의 골짜기로 변화시켜주신다 말씀하셨습니다. 주님께서는 이런 아골 골짜기를 소망의 문으로 만든다고 하십니다. 그렇기에 우리는 울더라도 씨를 뿌려야 합니다. 하나님은 눈물로 씨 뿌리는 자에게 기쁨의 단을 주십니다(시126:5). 그래서 우리는 고난을 정면으로 받되 결코 낙심하지 말라는 것입니다.

분명 하나님은 고통의 눈물을 닦아주시고, 기쁨의 눈물을 흘리게 하실 분이십니다.

"내가 진실로 진실로 너희에게 이르노니 너희는 곡하고 애통하겠으나 세상은 기뻐하리라 너희는 근심하겠으나 너희 근심이 도리어 기쁨이 되리라"(요16:20)

여러분이 안고 있는 문제, 큰 일이든 작고 소소한 일이든 내게 오는 고통을 어렵게 생각하지 마시고 오히려 감사하십시오.

극복의 지혜를 기도로 구하며 노력하시기 바랍니다. 고난은 결코 길지 않을 것입니다. 하나님은 반드시 기쁨의 단을 거둘 수 있게 하십니다.

○ 말씀과 함께 하는 **나눔** [koinonia]

1. 설교 본문을 한번 더 읽고 말씀이 주는 은혜를 나눠봅시다.

2. 하나님은 내가 당한 고난을 어떻게 하기 원하십니까? 본문을 읽어보고 이야기해봅시다.

3. 나를 힘들게 했던 일들이 있었다면 오늘 말씀을 비추어 어떻게 해결해야 할지 이야기 나눠봅시다.

기도나누기

42. 참다운 리더의 조건

• 본문 | 느헤미야 1장 1~11절
• 찬송 | 197장, 412장, 428장

'리더'가 무엇입니까? 한마디로 '이끄는 자'입니다. 그런데 그 리더는 어떤 조건들을 두루 갖추어야 합니까?

분명한 것은, 우리가 말하는 참다운 리더의 조건은 세상이 말하는 리더의 조건과는 다르다는 점입니다. 그렇다면 참다운 리더의 조건은 무엇이며, 참다운 리더는 어떤 자입니까?

첫째, 참다운 리더는 (   )를 생각하고 현실적 상황을 자각하며 노력하고 헌신하는 자입니다.

느헤미야는 지금 이스라엘이 처한 상황을 자각하고 있었습니다.

3절 말씀에 "그들이 내게 이르되 사로잡힘을 면하고 남아 있는 자들이 그 지방 거기에서 큰 환난을 당하고 능욕을 받으며 예루살렘 성은 허물어지고 성문들은 불탔다 하는지라"(느1:3)

느헤미야가 고국의 이스라엘의 소식을 들어보니, 지금 예루살렘에 남아있는 자들은 주변국들의 괴롭힘으로 큰 환란을 당하고, 예루살렘 성은 허물어지고 성문들은 다 불타 소실되었다는 소식을 접하게 되었습니다.

만약 느헤미야가 유대 공동체를 생각하지 않았다면 군이 이런 이야기가 들려와도 남의 일로 치부해 버렸을 것입니다. 하지만 느헤미야는 하나님의 분명한 리더였습니다. 그래서 자기의 안락보다 하나님의 민

• 정답 : 공동체

족과 하나님 나라의 회복이 더 중요했던 것입니다.

당시 예루살렘에는 행정적으로는 이스라엘을 관할하던 총독이 있었지만 이들은 사리사욕을 채우는데 급급했습니다. 그곳에 탁월하고 헌신적인 리더가 없다보니 느헤미야가 귀환하기 전까지 민족적인 단합이 이루어지지 않았던 것입니다.

왜 그렇습니까? 참다운 리더가 없어서 그렇습니다. 느헤미야는 이런 문제를 인식하며 그 해결책의 간구로 기도하였습니다.

둘째, 참다운 리더는 적극적이고 자발적인 (　　　)을 가진 자입니다.

이사야는 하나님의 부르심에 어떻게 응답합니까?

"내가 또 주의 목소리를 들으니 주께서 이르시되 내가 누구를 보내며 누가 우리를 위하여 갈꼬 하시니 그 때에 내가 이르되 내가 여기 있나이다 나를 보내소서 하였더니"(사6:8)

그렇습니다. 이사야는 주여 내가 여기 있으니 나를 보내달라고 자원하였습니다. 참다운 리더는 이처럼 적극적이고 자발적인 사역자가 되어야 합니다.

셋째, 참다운 리더는 (　　　)하는 자입니다.

기도는 참다운 리더를 움직이게 하는 동력입니다. 느헤미야는 고국의 소식을 듣고 수일 동안 매달리며 기도하였다고 기록하고 있습니다.

느헤미야 1장 6절 말씀에 "...이스라엘 자손을 위하여 주야로 기도하오며.." 느헤미야는 기도하는 리더였습니다. 그는 참다운 리더답게 주야로 금식하며 간절히 하나님께 매달렸습니다. 결국 하나님께서 들으셨습니다. 그래서 아닥사스왕의 마음을 열게 하셨던 것입니다.

이처럼 기도의 사람은 당해낼 자가 없습니다. 사실 진정한 리더십은

• 정답 : 열심, 기도

기도에서 나오는 것입니다.

진정한 리더의 조건은, 첫째, 공동체를 생각하고 현실적 상황을 자각하며 노력하고 헌신하는 자입니다.

둘째, 적극적이고 자발적인 열심을 가진 자입니다. 이사야의 고백대로 "내가 여기있사오니 나를 보내소서." 이런 적극적인 자세로 나아가야 할 것입니다.

셋째, 기도하는 자입니다. 기도는 만사를 변화시키는 힘이 있습니다. 하나님은 우리가 진정한 리더이기를 원하십니다. 늘 기도로 승리하는 저와 여러분이 되기를 바랍니다.

○말씀과 함께 하는 **나눔** [koinonia]

1. 설교 본문을 한번 더 읽고 말씀이 주는 은혜를 나눠봅시다.

2. 하나님의 참다운 리더는 어떤 자인가요? 본문에서 찾아 서로 이야기해봅시다.

3. 하나님의 참다운 리더가 되기 위해 내가 감당해야 할 부분이나 노력해야 할 부분이 있다면 서로 이야기해봅시다.

기도나누기

43. 느헤미야의 기도

- 본문 | 시편 128편 1~6절
- 찬송 | 28장, 86장, 38장

느헤미야의 기도는 어떤 특징이 있습니까?

첫째, 느헤미야의 기도는 (　　　) 있는 기도였습니다.

5절 말씀에 느헤미야는 하나님을 '하늘의 하나님"(5절)으로 칭하고 있습니다. 이것은 절대적인 하나님의 권능을 인정한 고백입니다.

시편 103편 19절 말씀에 "여호와께서 그의 보좌를 하늘에 세우시고 그의 왕권으로 만유를 다스리시도다."

하나님은 온 우주의 통치자라는 사실, 이 기록된 사실을 인정하고 아멘으로 받아들이면 그것이 믿음인 것입니다. 이처럼 느헤미야 기도의 시작은 바로 하나님을 인정하는 데부터 시작됩니다.

둘째, 느헤미야의 기도는 (　　　) 있는 기도였습니다.

모든 것에는 진정성이 있어야 합니다. 느헤미야는 자신이 확신하는 그 믿음의 바탕위에 진정성을 담아 하나님께 간구하며 기도하였습니다. 5절 말씀을 보면, "..하늘의 하나님 여호와 크고 두려우신 하나님이여 주를 사랑하고 주의 계명을 지키는 자에게 언약을 지키시며 긍휼을 베푸시는 주여 간구하나이다"

하나님이 원하시는 것은 소박하더라도 마음이 담긴 진정성을 원하십니다.

- 정답 : 확신, 진정성

느헤미야는 이처럼 진정성 있게 하나님의 큰 권능을 인정하며 기도하고 있습니다.

셋째, 느헤미야의 기도는 (　　　　　) 기도였습니다.

느헤미야 4장에 보면, 산발랏 일당이 성벽 재건 공사를 방해합니다. 바벨론 포로기 당시 예루살렘은 사마리아 도에 편성되어 사마리아의 영향력 아래 놓여 있었는데, 갑자기 느헤미야가 예루살렘 성벽을 재건하고 과거 예루살렘의 영광을 회복하려는 시도를 하자, 산발랏 일당은 자신의 영향력이 사라질까 성벽 재건 공사를 집요하게 방해하였습니다(느 4:1, 7-8; 13:28).

하지만 산발랏의 행동은 하나님의 뜻을 방해하는 사단의 행동이었습니다. 이런 산발랏같이 하나님의 사역을 방해하는 무리를 놓고 느헤미야는 어떻게 기도합니까?

느헤미야 4장 4~6절 말씀을 보면, "우리 하나님이여 들으시옵소서 우리가 업신여김을 당하나이다 원하건대 그들이 욕하는 것을 자기들의 머리에 돌리사 노략거리가 되어 이방에 사로잡히게 하시고 주 앞에서 그들의 악을 덮어 두지 마시며 그들의 죄를 도말하지 마옵소서…"(느4:4~6)

우리도 기도할 때, 우리의 죄를 구체적으로 하나님께 아뢰고 치료받아야 합니다. 느헤미야의 기도는 이처럼 구체적이라는 것입니다.

넷째, 느헤미야는 하나님의 (　　　　)을 붙들고 기도하였습니다.

8~9절 말씀을 보면 "옛적에 주께서 주의 종 모세에게 명령하여 이르시되 만일 너희가 범죄하면 내가 너희를 여러 나라 가운데에 흩을 것이요 일 내게로 돌아와 내 계명을 지켜 행하면 너희 쫓긴 자가 하늘 끝에 있을지라

• 정답 : 구체적인, 말씀

도 내가 거기서부터 그들을 모아 내 이름을 두려고 택한 곳에 돌아오게 하리라 하신 말씀을 이제 청하건대 기억하옵소서"(느1:8~9)

느헤미야는 하나님께서 모세에게 한 약속을 근거로 언약의 말씀을 인용하면서, 그렇게 약속하신 하나님께서 그 약속을 기억하시어 긍휼을 베풀어 달라고 기도하는 것입니다. 우리는 성경이 약속한 말씀을 붙들고 기도하며 나가면 반드시 승리합니다. 내면의 확신은 환경을 이깁니다. 말씀을 붙들고 기도하시기 바랍니다.

우리는 느헤미야처럼 기도하고 반드시 응답될 것이라는 사실을 믿으며, 기도를 미루지 말고, 기대하며 기도하시기를 소망합니다.

○ 말씀과 함께 하는 **나눔** [koinonia]

1. 설교 본문을 한번 더 읽고 말씀이 주는 은혜를 나눠봅시다.

2. 느헤미야의 기도는 어떤 특징이 있는 본문을 읽어보고 서로 이야기 나눠봅시다.

3. 느헤미야의 기도에 비추어 볼 때, 나는 온전히 기도하고 있는지 서로 이야기해봅시다.

기도나누기

44. 때로는 기적으로 역사하시는 하나님

- 본문 | 사도행전 14장 8~18절
- 찬송 | 208장, 210장, 213장

바울과 바나바가 복음을 전할 때, 회개하고 돌아오는 심령도 있었지만, 대부분 바울과 바나바를 공격하였습니다.

그런 상황속에서 하나님은 거센 핍박자들과 신앙의 초신자들을 위해, 그리고 무엇보다 두 사도에게 힘을 더해 주시기 위해 놀라운 표적과 기사를 보이셨습니다. 바울과 바나바는 공격해오는 자들을 피해 루가오니아의 두 성, 루스드라와 더베와 그 근방에서 복음을 전하게 되었습니다.

저는 오늘 이런 상황가운데 하나님의 역사는 어떻게 나타나는지 몇 가지로 살펴보고자 합니다.

첫째, 하나님은 현실 속에서 (   )을 제시해주시는 분입니다.
하나님은 바울과 바나바를 피하게 하셨습니다. 하나님은 무조건 당신의 전지전능함과 기적으로만 해결하시려는 분이 아니라는 것입니다. 예수님께서는 십자가에서 숨을 거두셨습니다. 구속사역을 이루시기 위한 고난과 핍박이었기에 십자가에서 내려오지 않으신 것입니다.

바울과 바나바가 이고니온을 떠나 간곳은 루가오니아 지방입니다.

바울과 바나바는 돌려 치려는 자들과의 충돌을 피해 루스드라와 더베에서 여전히 주님의 복음을 계속해서 전하게 되었습니다.

- 정답 : 해결책

둘째, 하나님은 (　　　)으로 해결하십니다.

하나님은 요술부리듯 하루 아침에 과정도 없이 기적을 만드시는 분이 아니라, 우리를 통해 역사하길 원하십니다. 하지만 때로는 놀라운 기적을 행하심으로 큰 하나님의 권능을 알게 하십니다.

바울과 바나바가 루스드라에 도착해서 복음을 전하는데 큰 기적의 사건이 일어납니다. 바울이 그 나면서부터 걷지 못했던 자에게 큰 소리로 "네 발로 바로 일어서라" 소리쳤더니 그 사람이 일어나 걸었습니다. 하나님의 권능이 바울의 입을 통해 역사하셨고, 걷지 못했던 그는 발을 써본 적이 없었기에 최소한 스스로 일어서는 노력, 그 작은 노력을 그에게 요구하십니다.

셋째, 현실적인 해결방안도, 기적적인 해결방안도 바로 우리의 (　　　)이 있어야 가능한 해결책입니다.

예수를 믿는 자는 믿음이 곧 해결책입니다. 태어나면서부터 단 한 번도 걷지 못했던 자가 일어서는 그 광경을 지켜봤던 루스드라 사람들은 큰 충격을 받았습니다.

그래서 11절에 "무리가 바울이 한 일을 보고 루가오니아 방언으로 소리질러 이르되 신들이 사람의 형상으로 우리 가운데 내려오셨다 하여 바나바는 제우스라 하고 바울은 그 중에 말하는 자이므로 헤르메스라 하더라"

이렇게 기록하고 있습니다. 루스드라 사람들은 거기서 끝나지 않았습니다. 13절에 "시외 제우스 신당의 제사장이 소와 화환들을 가지고 대문 앞에 와서 무리와 함께 제사하고자 하니"

이런 저들의 종교 행태에 바울과 바나바는 크게 분노하였습니다. 그래서 사도들은 분노의 표시로 옷을 찢고 소리를 질렀다고 기록하고 있습니다.

• 정답 : 기적, 믿음

또한 바울은 우리가 이렇게 복음을 전하는 이유가 이런 헛된 짓을 하지 말고 하나님께 돌아오게 하려는 것이라고 말합니다. 그래서 저들을 겨우 말려 제사드리지 못하게 하였다고 말하고 있습니다.

때로는 일상에서 때로는 기적으로 사람을 통해 역사하시는 하나님, 우리의 믿음을 보시는 하나님을 의지하며 늘 믿음으로 승리하는 삶을 살아갑시다.

○ 말씀과 함께 하는 **나눔** [koinonia]

1. 설교 본문을 한번 더 읽고 말씀이 주는 은혜를 나눠봅시다.

2. 하나님의 역사는 어떻게 나타나는지 본문에서 찾아 나눠봅시다.

3. 내가 지금 두려워하고 있는 것은 무엇인지 살펴보고 믿음으로 승리하기 위한 다짐 3가지를 써봅시다.
   (예: 새벽기도하기, 말씀통독하기)

   기도나누기

45. 마땅히 아이들에게 가르쳐야 할 것

· 본문 | 시편 128편 1~6절
· 찬송 | 288장, 289장, 308장

가정은 근원적인 사랑이 머무는 공간이며, 혈연으로 형성된 아름다운 공동체입니다. 가정은 한마디로 그리스도인의 인격을 훈련시키기 위해 하나님이 규정해 놓은 장소입니다. 세상에 엇나가는 사람들 대부분이 가정교육에 문제를 안고 있습니다. 예의 없이 제멋대로 행동하는 사람들은 영락없이 "저 사람은 가정교육이 잘못됐다"며 손가락질을 당하기도 합니다. 이처럼 가정은 좋은 인격을 형성하는 근원이 되고, 하나님의 숨결을 느낄 수 있는 공간입니다.

그렇다면 부모인 우리는 아이들에게 무엇을 가르쳐야 합니까?

첫째, 자녀들에게 (　　　)을 가르쳐야 합니다.

하나님은 사랑이십니다(God is love). 그러므로 하나님을 믿고 사는 우리들도 서로 사랑해야 합니다. 누구든 처음부터 사랑을 줄 수 있는 것은 아닙니다. 즉 사랑은 배워가는 것입니다. 도덕적, 윤리적인 사랑이 아니라 우리의 마음속에 하나님의 사랑을 품고 살 때 사랑의 사람이 되는 것입니다. 사랑을 받은 사람이 다른 사람도 사랑할 수 있습니다. 부부간에 사랑하고 부모와 자식 간에 사랑해야 합니다. 이처럼 가정은 사랑을 배우는 학교입니다.

"마른 떡 한 조각만 있고도 화목하는 것이 제육이 집에 가득하고 다투는 것보다 나으니라"(잠17:1).

· 정답 : 사랑

아이들에게 무엇보다 사랑을 가르치십시오.

둘째, 자녀에게 마땅히 할 일(　　　)을 가르쳐야 합니다.

노동은 단순히 부의 축척수단이 아니라 하나님께 영광을 드리는 태도입니다.

"네가 네 손이 수고한대로 먹을 것이라 네가 복되고 형통하리로다."(2절)

자녀에게 일시키는 것이 안타까워서 일하지 않게 하면 게으른 자녀가 될 수밖에 없겠지요.

"또 너희에게 명한 것같이 종용하여 자기 일을 하고 너희 손으로 일하기를 힘쓰라 이는 외인을 대하여 단정히 행하고 또한 아무 궁핍함이 없게 하려 함이라."(살전4:11~12)

가정에서 노동의 가치를 배울 때 화목한 가정이 되는 것입니다.

셋째, 무엇보다 아이에게 (　　　)을 가르쳐야 합니다.

돈보다 귀한 것이 무엇입니까? 하나님의 진리의 말씀입니다. 어머니를 통해서 성경을 배운 자녀들, 부모님과 함께 가정에서 예배를 드린 자녀들이 얼마나 귀합니까? 말씀은 귀합니다. 이 말씀에 성공의 길과 지혜와 명철과 축복이 다 있기 때문입니다.

"오늘날 내가 네게 명하는 이 말씀을 너는 마음에 새기고 네 자녀에게 부지런히 가르치며 집에 앉았을 때에든지 길에 행할 때에든지 누웠을 때에든지 일어날 때에든지 이 말씀을 강론할 것이며"(신6:6-7).

넷째, 예배의 (　　　　)을 가르치시기 바랍니다.

자주 예배드리지 못하는 아이들, 예배의 습관이 되어있지 않고 아직 믿음이 없는 자녀들, 이 책임이 누구에게 있습니까? 이 시대 부모들이

• 정답 : 노동, 성경, 중요성

여, 늘 내 자식에 대한 관심과 사랑이 있으시겠지만 믿음의 아이로 키우시는데 주저함이 없어야 합니다.

자녀들에게 마땅히 가르칠 것을 가르치십시오.

어떻게 하면 하나님의 뜻대로 자녀를 양육하고 교육할 수 있을지 깊이 생각해보시고 정말로 예수만 섬기는 가정이 될 수 있도록 늘 기도로 아름답고 행복한 가정을 세워 가시기 바랍니다.

○ 말씀과 함께 하는 **나눔** [koinonia]

1. 설교 본문을 한번 더 읽고 말씀이 주는 은혜를 나눠봅시다.

2. 설교본문에서 마땅히 자녀에게 가르쳐야 할 것 네 가지를 찾아 이야기해봅시다.

3. 아이들을 양육하는데 가장 힘든 점이 있다면 무엇입니까? 또한 힘들 때 어떻게 해결하려고 합니까? 서로 이야기 나눠봅시다.

기도나누기

46. 계획한 일을 잘 진행해나가는 방법

- 본문 | 느헤미야 2장 11~20절
- 찬송 | 436장, 430장, 550장

오늘 말씀은 어떤 일을 추진하거나 계획할 때, 또는 문제를 풀어나갈 때 어떤 준비와 노력을 기울여야 할지 굉장히 좋은 '인사이트'를 주고 있습니다. 즉, '통찰'을 얻을 수 있다는 것입니다.

그렇다면 느헤미야는 예루살렘 성벽재건이라는 과업을 이루기 위해 어떤 노력과 과정이 있었습니까?

첫째, 느헤미야는 (　　　)하며 기다렸습니다.

느헤미야는 예루살렘의 성벽재건이라는 뜻을 이루기 위해 철저하게 끊임없이 주야로 기도하였습니다. 기도는 인내력 테스트입니다. 기다려야 합니다. 기도 다 했다고 기도를 끝내고 기다리는 것이 아니라, 기도하면서 기다리는 것입니다.

둘째, 느헤미야는 치밀하게 (　　　)하고 비밀리에 진행했습니다.

느헤미야는 왕의 허락을 받자 이제 그 먼 길을 가는 동안에 필요한 안전상의 문제 처리와 일 진행에 필요한 사항을 왕께 구체적으로 요청합니다. 7절 말씀에 "…강 서쪽 총독들에게 내리시는 조서를 내게 주사 그들이 나를 용납하여 유다에 들어가기까지 통과하게 하시고"(7절)

느헤미야는 이처럼 치밀한 준비를 하였던 것입니다.

왕이 모든 것을 허락할 때 느헤미야는 "내 하나님의 선한 손이 나를 도

- 정답 : 기도, 준비

143

우시므로 왕이 허락하고"(8절) 이렇게 하나님께 영광을 돌리고 있습니다. 또한 느헤미야는 성벽 재건을 위한 조사를 비밀리에 진행했습니다. 12절 말씀에 "내 하나님께서 예루살렘을 위해 무엇을 할 것인지 내 마음에 주신 것을 내가 아무에게도 말하지 아니하고..."(12절)

이렇게 기록하고 있습니다. 그렇다면 느헤미야는 왜 비밀리에 성벽 재건 준비를 하였습니까? 바로 반대자, 대적자 때문에 그렇습니다.

셋째, 느헤미야는 설득 뿐 아니라, 확실한 (   )을 제시 하였습니다.

느헤미야는 이제 본격적인 성벽 재건 작업을 진행해야 하는데 예루살렘의 제사장들과 귀족들과 방백들에게 성벽 재건을 독려하고 그들을 설득해야 했습니다.

17절 말씀에 "후에 그들에게 이르기를 우리가 당한 곤경은 너희도 보고 있는 바라 예루살렘이 황폐하고 성문이 불탔으니 자, 예루살렘 성을 건축하여 다시 수치를 당하지 말자 하고"(17절)

느헤미야는 지금 예루살렘에 가장 필요한 것이 무엇인지 저들과 공감하며 많은 요직에 있는 사람들을 설득합니다. 이런 설득과 더불어 보증이 필요합니다. 느헤미야는 이들과 함께 성벽을 재건하는 가장 중요한 정당성의 근거를 18절에서 두 가지로 말하고 있습니다.

첫째는 하나님의 선한 손이 자신을 도우셨다는 그 사실, 둘째는 왕으로부터 허락을 받았다는 사실을 말합니다(18절). 그렇게 말하자 저들은 모두 힘을 내서 건축하며 이 하나님의 선한 일을 하자고 한마음이 되었다는 것입니다.

넷째, 우리는 반대자들도 품을 수 있는 (   )이 있어야 합니다.

19절에 보면 "호론 사람 산발랏과 종이었던 암몬 사람 도비야와 아라비

• 정답: 보증

아 사람 게셈이 이 말을 듣고 우리를 업신여기고 우리를 비웃어 이르되 너희가 하는 일이 무엇이냐 너희가 왕을 배반하고자 하느냐"(19절)고 조롱하며 방해합니다.

느헤미야는 저들을 두려워하거나 걱정할 필요가 없다 저들은 우리 땅을 이래라저래라 할 아무런 명분도 없고 기업도 없다 말합니다. 느헤미야는 먼저 무릎 꿇었습니다. 최우선 순위는 기도입니다.

일이 진행되면 치밀하고 계획성 있게 진행해야 합니다. 느헤미야의 치밀한 계획과 노력, 모든 자들을 아우르는 그의 포용력을 우리는 배워야 합니다.

○ 말씀과 함께 하는 나눔 [koinonia]

1. 설교 본문을 한번 더 읽고 말씀이 주는 은혜를 나눠봅시다.

2. 느헤미야가 성벽재건의 과정을 치밀하게 준비하고 비밀리에 진행한 이유가 무엇입니까? 본문에서 찾아봅시다.

3. 우리 사역을 반대하는 자에게 우리는 어떤 노력으로 그들의 마음을 움직여야 할까요? 서로 이야기 나눠봅시다.

기도나누기

• 정답: 유연성

47. 은혜와 감사

- 본문 | 시편 116편 12~14절
- 찬송 | 588장, 591장, 589장

오늘 시편기자는 "내게 주신 모든 은혜를 내가 여호와께 무엇으로 보답할까"라고 말하고 있습니다. 우리는 하나님의 은혜가 아니면, 될 것이 아무것도 없습니다. 그렇기에 우리는 감사하는 것입니다.

은혜와 감사는 주체가 다르지만 동전 양면과 같습니다. 은혜는 하나님께서 우리를 향한 무한한 사랑과 긍휼의 방편입니다. 반면 감사는 그 은혜를 입은 우리들의 최소한의 보답과 같다고 볼 수 있습니다.

그래서 시편기자는 "하나님이 내게 주신 모든 은혜를 무엇으로 보답할까"(12절) 고백하면서 그 받은 은혜에 대한 보답을 이행하는 방법으로 "...구원의 잔을 들고 여호와의 이름을 부르며 여호와의 모든 백성 앞에서 나는 나의 서원을 여호와께 갚으리로다."라고 하였습니다.

감사는 마음의 고백인 동시에 실제적인 행동입니다. 그것은 곧 보답입니다. 무엇보다 하나님은 영적 믿음의 열매 맺기를 가장 원하십니다. 그래서 주님은 아흔 아홉 마리 양이 있음에도, 한 마리 잃어버린 양에게 온통 관심을 쏟으셨던 것입니다.

그렇다면 하나님은 우리에게 어떤 은혜를 주셨습니까?

첫째, 나를 이 세상에 (　　　) 일이 은혜입니다.

다른 누구도 아닌 나를 선별해서 세상에 보내셨습니다. 바로 생명을

- 정답 : 보내신

146

주신 것입니다. 이 세상에서는 생명이상 소중한 것이 없습니다. 얼마나 감사합니까? 물질, 명예, 권세보다 생명, 건강, 자신이 가장 소중하지 않습니까? 그런데 하나님이 그 소중한 생명을 주셨습니다.

둘째, (　　)의 은혜를 주셨습니다.

생명을 주셨는데, 그것을 다시 거두어갈 뿐 아니라, 그 끝이 사망이고 지옥불이라면 차라리 나지 아니한 만 못할 것입니다. 그런데 구원의 은혜도 주신 것입니다.

셋째, (　　)을 누릴 수 있는 은혜를 주셨습니다.

생명주시고 구원의 은혜를 주셨고 또한 누릴 수 있는 은혜를 주셨습니다. 우리가 세상 가운데 누릴 수 있는 것은 하나님의 은혜입니다. 산과 숲과, 나무와 풀과, 개울에 흐르는 시냇물을 묵상하며, 그 은혜를 누려보시기 바랍니다. 누릴 수 있는 것만으로도 하나님의 은혜임을 기억하시기 바랍니다.

넷째, 늘 우리 삶 가운데 (　　) 해주시는 은혜가 있습니다.

하나님이 우리와 함께 하신다는 것을 감사한 마음으로 실감하십니까? 하나님이 우리 같이 죄 많고 실수 많은 인생들을 자녀로 삼아 함께 해 주신다는 것은 참으로 큰 은혜가 아닐 수 없는 것입니다.

다섯째, (　　), 인도해주시는 은혜입니다.

성경에 보면 하나님은 우리를 '보호해 주신다'는 말씀과 '인도해 주신다'는 말씀이 많습니다. "눈동자 같이 지키신다, 독수리의 새끼처럼 훈련시키고 호위하시며 보호하신다."(신 32:10~11)

• 정답 : 구원, 만물, 함께, 보호

심지어 우리의 이름을 손바닥에 새기셨다 말씀하십니다(사 49:16).

보호받아야 될 인생들을 하나님은 너무도 섬세히 보호하시고 인도하신다는 것입니다. 그 크신 하나님의 은혜에 감사하시기 바랍니다.

여섯째, (   )의 은혜를 주셨습니다.

하나님은 소망의 하나님이시고(롬 15:13), "소망은 항상 있는 것이라"고 하셨습니다(고전 13:13). 그러니까 환란, 역경, 죽음에서도 소망은 있는 것입니다. 하나님의 은혜를 더욱더 기억하고 감사하며 그 은혜에 보답하고자 애쓰는 저와 여러분이 되기를 간절히 바랍니다.

○ 말씀과 함께 하는 **나눔** [koinonia]

1. 설교 본문을 한번 더 읽고 말씀이 주는 은혜를 나눠봅시다.

2. 하나님은 어떤 은혜를 우리에게 주셨습니까? 본문에서 찾아 여섯 가지로 이야기해봅시다.

3. 가장 최근에 '이것은 정말 하나님의 은혜다'라고 느낀 적이 있다면 이야기해보고 그 은혜에 어떻게 감사하였는지도 이야기해봅시다.

기도나누기

• 정답 : 소망

48. 내 믿음은 어떤 믿음인가?

- 본문 | 요한복음 4장 43~54절
- 찬송 | 212장, 438장, 449장

우리에겐 어떤 믿음이 필요합니까?

첫째, (　　　)이나 기사를 보지 않고 믿는 믿음이 필요합니다.

우리는 사마리아 사람들과 같은 믿음이 필요합니다. 우물가의 여인은 예수님과 많은 대화와 소통을 통해 예수님이 참 하나님의 아들이자 메시아라는 것을 믿게 되었습니다.

저들은 자신들을 소개해준 그 여인에게 42절에 "…이제 우리가 믿는 것은 네 말로 인함이 아니니 이는 우리가 친히 듣고 그가 참으로 세상의 구주신 줄 앎이라 하였더라" 친히 그분을 통해 듣고, 깨닫고 참으로 세상의 구주되심을 믿게 되었다 말하고 있습니다.

모든 것에는 본질이 중요합니다. 우리 믿음의 방향성은 바로 본질을 향하는 것입니다. 사마리아인처럼 예수님을 만나 말씀으로 변화되어야 합니다. 말씀의 깨달음이 없는 믿음은 믿음이 될 수 없습니다.

둘째, 확실한 믿음이 있다면 더 깊은 믿음을 (　　　)하도록 노력해야 합니다.

예수님께서 갈릴리 가나에 이르셨을 때 왕의 신하가 다급하게 예수님께로 나아왔습니다. 그리고 예수님께 자기 아들을 고쳐 달라고 애원합니다.

- 정답 : 표적, 소유

47절 말씀에 "그가 예수께서 유대로부터 갈릴리로 오셨다는 것을 듣고 가서 청하되 내려오셔서 내 아들의 병을 고쳐 주소서 하니 그가 거의 죽게 되었음이라"

이렇게 찾아온 왕의 신하는 어떤 믿음을 가졌을까요? 왕의 신하는 예수님이 자기의 아들을 고쳐주시리라 확실하게 믿고 있지만 마태복음 8장과 누가복음 7장에 기록된 백부장의 믿음과는 분명 차이가 있습니다.

예수님은 백부장에게 내가 가서 고쳐준다고 하셨지만 백부장은 손사래를 치며 만류하였습니다. 백부장의 믿음은, 예수님의 말씀만으로도 충분히 병이 깨끗이 나을 것이라고 확신하는 믿음이었기 때문입니다. 반면, 오늘 말씀에 왕의 신하의 믿음은 예수님께서 직접 오셔서 무언가 행하셔야 낫는다고 믿었던 믿음이었습니다. 믿음을 판단할 수는 없지만 왕의 신하는 백부장의 믿음보다는 한 단계 아래였던 것입니다.

예수님은 이런 왕의 신하의 태도를 보시고 "..너희는 표적과 기사를 보지 못하면 도무지 믿지 아니하리라"(48절)라고 말씀하십니다.

여기서 표적은 헬라어로 '세메이아'로 그리스도의 기적적인 행위에 대한 사도 요한의 자신의 독특한 표현 방식으로서의 단어입니다. 반면 기사는 '테라타'의 복수형으로 쉽게 말해 이적(miracle)을 말합니다.

인간의 말로 결코 설명하거나 표현될 수 없는 정도의 놀라운 사실을 의미한다는 것입니다. 하지만 그 왕의 신하는 예수님의 이런 책망과 질책이 제대로 들리지 않았습니다. 그에겐 오직 아들을 살리고자 하는 마음 밖에 없었습니다.

그래서 49절에 "...주여 내 아이가 죽기 전에 내려 오소서" 왕의 신하는, 예수님은 병든 자를 고칠 수 있을지 모르지만 죽은 아이는 살려내지 못하리라 생각했습니다. 예수님은 그의 순종의 모습을 보고 죽어가는 아들을 치유해 주셨습니다.

이와 같은 결과로 인해 53절 말씀에 "그의 아버지가 예수께서 네 아들이 살아 있다 말씀하신 그 때인 줄 알고 자기와 그 온 집안이 다 믿으니라"라고 나와 있습니다.

우리에게는 어떤 믿음이 있습니까? 내게 진정한 믿음이 있다면 이제는 더 깊고 큰 믿음을 소유하도록 노력하시기 바랍니다.

너무 고단해하고 힘들어하는 그 삶의 무게가 하나님이 함께 하시면 점차 가벼워지고, 분명히 새털같이 홀가분한 인생으로 변화될 것이라는 믿음을 가지고 나아가시기 바랍니다.

○말씀과 함께 하는 나눔 [koinonia]

1. 설교 본문을 한번 더 읽고 말씀이 주는 은혜를 나눠봅시다.

2. 백부장의 믿음과 왕의 신하의 믿음은 어떻게 달랐나요? 서로 이야기해봅시다.

3. 더 깊은 믿음을 소유하기 위해 우리는 어떤 노력을 기울여야 할까요? 서로 이야기해봅시다.

기도나누기

49. 예수님의 신성

- 본문 | 요한복음 5장 17~29절
- 찬송 | 449장, 182장, 461장

우리는 예수님을 믿고 있지만 가끔 의문을 갖습니다. 예수님이 어떻게 신이 되실 수 있는가? 예수님께서 살아 역사하신다는 확실한 믿음의 증거 두 가지를 말씀드린 적이 있습니다.

첫째, 믿음입니다. 우리가 가지고 있는 믿음은 예수님은, 하나님이시라는 확실한 내적증거입니다.

사도행전 10장 38절 말씀에 "하나님이 나사렛 예수에게 성령과 능력을 기름 붓듯 하셨으매 그가 두루 다니시며 선한 일을 행하시고 마귀에게 눌린 모든 사람을 고치셨으니 이는 하나님이 함께 하셨음이라"기록하고 있습니다. 둘째, 기도의 응답입니다. 오늘 말씀에서 예수님은 어떤 분이십니까?

첫째, 예수님은 하나님과 (　　　)하신 분입니다.

동등하다는 것을 비슷한 존재로 이해해서는 안 됩니다. 성부 하나님과 성자 예수님은 결코 개별적인 독립체가 아니시기 때문에 그렇습니다. 예수님은 17절 말씀에 "...내 아버지께서 이제까지 일하시니 나도 일한다 하시매" 하나님은 지금도 일하고 계십니다. 예수님도 그와 같이 일하신다고 말씀하십니다.

빌립보서 2장 6~7절 말씀에 "그는 (예수님) 근본 하나님의 본체시나 ...하나님과 동등됨을 취할 것으로 여기지 아니하시고 오히려 자기를 비워 종

- 정답 : 동등

의 형체를 가지사 사람들과 같이 되셨다” 고 기록하고 있습니다.

둘째, (   )과 같이 일하고 계시며 또한 그 일을 성부 하나님과 함께 수행하고 계신다고 말씀하십니다.

19절 말씀에 “...예수께서 그들에게 이르시되.......아들이 아버지께서 하시는 일을 보지 않고는 아무 것도 스스로 할 수 없나니 아버지께서 행하시는 그것을 아들도 그와 같이 행하느니라”

그런데 이 말씀 원문을 보면, 그리스도는 아버지께 의존되어있는 것 같은 느낌이 듭니다. 여기서 ‘의존되어 있는’이란 말은, 그는 성부 하나님의 뜻을 다 알고 있고, 스스로 아버지가 원하시는 일만 행한다는 의미입니다.

예수그리스도는 성부 하나님에 대한 단순한 모사(imitation)를 의미하는 것이 아니라 본질에 있어서 동일성(sameness)을 의미합니다.

요한복음 14장 10절의 기록에는 “내가 아버지 안에 거하고 아버지는 내 안에 계신 것을 네가 믿지 아니하느냐 내가 너희에게 이르는 말은 스스로 하는 것이 아니라 아버지께서 내 안에 계셔서 그의 일을 하시는 것이라”(14:10) 이라고 말씀하고 계십니다.

셋째, 예수님은 죽은 자를 살릴 수 있는 (   )가 있습니다.

이것은 예수님 안에 하나님의 신적 능력이 있다는 증거입니다. 바울은 예수 그리스도에 대해 살려주는 영이라 기록하고 있습니다.

고린도전서 15장 45~46절 말씀에 “기록된 바 첫 사람 아담은 생령이 되었다 함과 같이 마지막 아담은 살려 주는 영이 되었나니 그러나 먼저는 신령한 사람이 아니요 육의 사람이요 그 다음에 신령한 사람이니라”

오늘 21절 말씀에 “아버지께서 죽은 자들을 일으켜 살리심 같이 아들도 자기가 원하는 자들을 살리느니라”

• 정답 : 하나님, 권세

넷째, 예수님은 세상을 (   )하실 권한이 있습니다.

생명권의 여부를 판단할 잣대가 심판입니다. 22절 말씀에 "아버지께서 아무도 심판하지 아니하시고 심판을 다 아들에게 맡기셨으니"

예수님은 성부께서 아들을 통해서 심판에 관한 성부 자신의 특권을 행사하실 것을 말씀하셨습니다(행17:31).

그의 심판의 권한은 마지막 재림으로 완성됩니다. 다만, 심판과 정죄를 통한 영원한 사망을 위한 부활이기도 하고, 완전한 생명의 부활이기도 합니다. 우리 믿는 자들은 완전한 생명의 부활을 얻어야 합니다. "선한 일을 행한 자는 생명의 부활로, 악한 일을 행한 자는 심판의 부활로 나오리라"(29절)

○ 말씀과 함께 하는 나눔 [koinonia]

1. 설교 본문을 한번 더 읽고 말씀이 주는 은혜를 나눠봅시다.

2. 오늘 본문을 통해 예수님은 어떤 분이신지 4가지로 이야기해봅시다.

3. 예수님께서 내게 어떤 영향을 주고 계십니까? 예수님께서, 나와 내 삶에서 행하시는 그 영향력에 대해 이야기를 나눠봅시다.

기도나누기

• 정답 : 심판

50. 베데스다는 결코 기적의 장소가 아니다

- 본문 | 요한복음 5장 1~16절
- 찬송 | 390장, 540장, 492장

베데스다 연못 주변에 대해서 성경은 기록하고 있는데, 거기에는 환자들이 누울 수 있도록 다섯 채의 행각이 있었고, 그 안에는 각종 병이 있는 자들이 늘 그 행각에 누워있었다고 기록하고 있습니다. 왜 누워 있었습니까? 바로 치료받기 위해서였습니다.

4절 말씀에 "이는 천사가 가끔 못에 내려와 물을 움직이게 하는데 움직인 후에 먼저 들어가는 자는 어떤 병에 걸렸든지 낫게 됨이러라"

치료받는 방법은 간단했습니다. 천사들이 이 연못에 내려와서 물이 움직일 때 얼른 그 물에 뛰어들면 어떤 병이든지 낫게 된다는 것입니다. 그곳에는 여느 환자들보다 위중한 한 환자가 있었습니다.

무려 38년이나 중풍병으로 힘들어하는 자였는데, 그가 제일 먼저 못에 들어가 치유받는 것은 거의 불가능했겠지만, 그래도 낫고자하는 희망을 품고 그 못에 늘 나와 있었던 것입니다.

그렇다면 38년 된 병자를 치유하신 표적은 어떤 특징이 있습니까?

첫째, 예수님께서 (   )(initative)을 가지고 행하신 기적이었습니다.

앞장의 왕의 신하의 아들은 그의 아버지가 예수님을 쫓아와 간절하게 요청함으로 치유가 이루어졌습니다.

- 정답 : 주도성

하지만 오늘 본문의 38년 된 병자는 예수님께서 몸소 직접 찾아오셔서 그에게 묻고 치유해 주셨습니다.

둘째, 치유함을 받은 사람의 (   ) 여부입니다.

예수님께 치유받았던 대부분의 사람들은 믿음이 중요했습니다. 하지만 38년 된 병자에게는 이 원칙을 깨는 사건이었습니다.

어느 날 예수님은 베데스다 연못을 지나시다가 38년 된 병자가 누워 있는 것을 보셨습니다. 예수님은 그 환자에게 물으셨습니다.

6절 말씀에 "예수께서 그 누운 것을 보시고 병이 벌써 오래된 줄 아시고 이르시되 네가 낫고자 하느냐"(6절)

그런데 이런 물음에 확신 있는 말 대신 자신의 틀에 박힌 한탄의 고백만 되뇌었습니다.

7절에 병자가 대답하되 "주여 물이 움직일 때에 나를 못에 넣어 주는 사람이 없어 내가 가는 동안에 다른 사람이 먼저 내려가나이다."

유대인에게 있어서 율법적으로 어떠한 노동도 할 수 없는 그 시간에 예수님은 자리를 들고 가라 명령하셨습니다.

유대인들은 치유받은 사람에게 "네가 자리를 들고 가는 것은 옳지 않은 일인데 누가 이 자리를 들고 걸어가라 했느냐"고 물었습니다.

그랬더니 그 고침 받은 자는 11절에 "...나를 낫게 한 그가 자리를 들고 걸어가라 하더라" 말을 합니다. 그 자리를 들고 걸어가라 한 사람이 누구냐 되묻습니다. 하지만 예수님은 이미 13절에 "피하셨다" 기록하고 있습니다.

셋째, 베데스다는 결코 (   )의 장소가 아닙니다.

이 베데스다 연못의 결론은 무엇입니까? 실제로 이곳에서 치유력이

• 정답: 믿음, 기적

나타나지 않았고, 치유의 능력은 예수님을 통해서 나타났다는 사실입니다. 우리 인생이 무언가 더 좋고, 더 멋지고, 더 높은 것을 추구하지만 그것이 결코 인생의 목적이 될 수 없음을 보여주는 것이 아니겠습니까? 우리 하나밖에 없는 인생, 각자 다 귀한 인생을 살고 있는데, 정말로 베데스다 연못에 몰려드는 인생이 되지 말고 예수님께 몰려드는, 다가서는 인생이 되시기 바랍니다.

51. 구세주가 세상에 오심

- 본문 | 마태복음 1장 18~23절
- 찬송 | 109장, 111장, 115장

2000년 전 예수님께서 탄생하셨던 때에 먼저 천사가 요셉에게 두 가지 기쁨의 소식을 전했습니다.

첫째, 이사야 선지자의 예언의 말씀이 (　　)됨을 전하였습니다.

22, 23절에 "이 모든 일이 된 것은 주께서 선지자로 하신 말씀을 이루려 하심이니 이르시되 보라 처녀가 잉태하여 아들을 낳을 것이요 그의 이름은 임마누엘이라 하리라 하셨으니 이를 번역한즉 하나님이 우리와 함께 계시다 함이라"

이 본문을 인용한 말씀은 이사야 7장 14-16절로 "그러므로 주께서 친히 징조로 너희에게 주실 것이라 보라 처녀가 잉태하여 아들을 낳을 것이요 그 이름을 임마누엘이라 하리라"고 말씀하십니다.

여기서 '임마누엘'이라는 단어는 이사야에서 두 번(7:14 ; 8:8), 본문에서 한 번 나타날 뿐, 다른 곳에서는 한 번도 사용되지 않고 있습니다. 임마누엘은 '하나님이 우리와 함께 하시다'라는 뜻입니다.

그렇다면 과연 임마누엘은 누구일까요? 그분은 어떤 분일까요? 그 대답은 이사야 9장 6, 7절에서 정확하게 밝히고 있습니다.

"이는 한 아기가 우리에게 났고 한 아들을 우리에게 주신 바 되었는데 그의 어깨에는 정사를 메었고 그의 이름은 기묘자라, 모사라, 전능하신 하나님이라, 영존하시는 아버지라, 평강의 왕이라 할 것임이라 그 정사와 평

- 정답 : 성취

강의 더함이 무궁하며 또 다윗의 왕좌와 그의 나라에 군림하여 그 나라를 굳게 세우고 지금 이후로 영원히 정의와 공의로 그것을 보존하실 것이라 만군의 여호와의 열심이 이를 이루시리라"

그렇다면 우리를 위하여 장차 태어나실 메시아는 어떤 분으로 묘사되고 있습니까? 첫째로, '기묘자'라는 이름을 갖고 있습니다. 이것은 '기이하고 묘한 자'라는 뜻으로 주님의 가르침과 사역, 탄생과 죽음, 부활과 승천 이 모든 일들이 기묘하게 되어졌기 때문입니다.

둘째로, '모사'라고 했습니다. 이것은 '지혜자'라는 뜻을 가지고 있습니다.

셋째로, '전능하신 하나님'이라고 했습니다. 이것은 메시아로 오신 예수님이 곧 하나님 자신이라는 뜻입니다. 예수 그리스도는 바로 전능하신 하나님의 본체이십니다.

넷째로, '영존하시는 아버지'라는 말씀은 '영원한 보호자'라는 뜻입니다.

"나는 알파요 오메가라 이제도 있고 전에도 있었고 장차 올 자요 전능한 자라"(계 1:8)는 말씀대로 주님은 태초부터 계신 분으로서 세상 끝 날까지 우리와 함께 하실 분입니다.

다섯째로, 평강의 왕으로 묘사된 것은 주님께서 참된 평화를 가져오신 분이기 때문입니다. 인간이 범죄 함으로 말미암아 하나님과 화목하지 못했을 때 주님께서 친히 화목제물이 되시므로 참된 평화를 이루게 되었습니다.

전지전능하신 하나님께서 이 세상에 왜 오시려고 하셨습니까? 그 대답은 단순합니다. 바로 '임마누엘'이시기 때문입니다. 우리와 함께 하기 원하시는 하나님이시기 때문에 그렇습니다.

성탄절은 예수님이 주인공입니다. 다른 어떤 것보다 예수님에 대한 감사의 날이 되었으면 좋겠습니다.

"아들을 낳으리니 이름을 예수라 하라 이는 그가 자기 백성을 저희 죄에서 구원할 자이심이라"(21절).

○ 말씀과 함께 하는 나눔 [koinonia]

1. 설교 본문을 한번 더 읽고 말씀이 주는 은혜를 나눠봅시다.

2. 이사야는 장차올 메시아가 어떤 분으로 묘사하고 있습니까? 다섯 가지로 이야기해봅시다.

3. 예수님께서는 분명 다시 오십니다. 다시 오실 재림의 때에 우리는 어떻게 예수님을 맞이해야 할지, 어떻게 준비해야 할지 이야기를 나눠봅시다.

기도나누기

52. 예수님의 신성을 증명하는 다섯 가지 증언

- 본문 | 요한복음 5장 30~47절
- 찬송 | 552장, 550장, 288장

38년 된 병자를 안식일에 치유해주신 사건을 통해 유대인과 예수님 사이에 논쟁이 일었고, 예수님은 당신의 신적 권능에 대해 다섯 가지로 증거를 제시하고 있습니다.

그렇다면 오늘 본문에 기록된 예수님의 다섯 가지 신적 증언은 무엇입니까?

첫째, (　　　) 하나님을 통한 증언입니다.

37절 말씀에 "...나를 보내신 아버지께서 친히 나를 위하여 증언하셨느니라.." 여기서 예수님은 나를 위해 증언하시는 이가 따로 있다 말씀하고 계신데, 여기서 '증거하다'는 말은 헬라어 '마르튀레오'라는 단어입니다.

이 단어는 현재 시상인 '마르튀레이'로 쓰여 계속된 행동을 암시하고 있습니다. 계속적으로 증언하신다는 것입니다.

둘째, 세례요한(33절)을 통해 예수님께서 (　　　　)이시라는 사실을 증언하고 있습니다.

예수님도 세례 요한의 증언에 대해 언급하셨습니다. 33절 말씀에 "너희가 요한에게 사람을 보내매 요한이 진리에 대하여 증언하였느니라" 기록되어 있습니다.

- 정답 : 성부, 하나님

요한복음 1장 6~7절의 말씀에 "하나님께로부터 보내심을 받은 사람이 있으니 그의 이름은 요한이라 그가 증언하러 왔으니 곧 빛에 대하여 증언하고 모든 사람이 자기로 말미암아 믿게 하려 함이라'고 기록되어 있습니다.

셋째, 예수님 자신이 하나님께로부터 부여 받은 (　　　)에 대한 증언입니다(36절).

예수님은 당신 스스로 당신의 '그리스도 되심'과 '하나님의 아들이심'을 증언합니다.

30절 말씀 "내가 아무 것도 스스로 할 수 없노라 듣는 대로 심판하노니 나는 나의 뜻대로 하려 하지 않고 나를 보내신 이의 뜻대로 하려 하므로 내 심판은 의로우니라" 기록되어 있습니다.

예수님의 행함은, 보내신 이의 뜻대로 행한다고 하셨습니다. 여기서 '보내다'라는 뜻은 헬라어 '펨포'라는 단어인데, '위임하다'라는 말입니다.

넷째, (　　　)가 예수 그리스도를 증언하고 있습니다.

예수님은 특별히 오늘 본문에서는 모세의 증언(46절)을 언급하고 있습니다. "모세를 믿었더라면 또 나를 믿었으리니 이는 그가 내게 대하여 기록하였음이라"

주님은 성소의 휘장을 찢으셨듯이 율법을 초월해, 율법의 온전한 완성, 복음을 들고 세상에 오신 분이십니다. 그 능력의 하나님을 우리는 믿고 의지해야 할 것입니다.

다섯째, (　　　)이 예수님을 증언하고 있습니다.

유대인들은 영생을 얻기 위해 두 가지를 힘쓰고 있습니다. 그 중 하나는 선행입니다.

• 정답 : 사명, 모세, 성경

그들의 영생을 위해 최소한 한 가지 이상의 선행을 찾아 그것을 행하고자 노력했습니다(마19:16). 다른 하나는 성경을 상고하는 일이었습니다.

당시 성경을 묵상하는 일은 경건한 유대인들의 일과 중 가장 중요한 것이었습니다. 그런데 예수님은 이렇게 목을 매는 성경이 율법의 법전이 아니라, 곧 자신에 대한 증거로 말씀하십니다.

예수님께서 직접 언급하신 당신의 신성에 대한 다섯 가지 증언의 사실을 우리가 알고, 믿고 또한 이 사실을 기억하시며 더 열심히 주님의 사역을 감당하시기 바랍니다.

○ 말씀과 함께 하는 나눔 [koinonia]

1. 설교 본문을 한번 더 읽고 말씀이 주는 은혜를 나눠봅시다.

2. 예수님의 신성을 증거 하는 다섯 가지 증언을 오늘 본문에 찾아 누구인지 서로 이야기해봅시다.

3. 나는 예수님의 증언자로 어떤 노력을 기울이겠습니까? 서로의 생각과 다짐을 이야기해봅시다.

기도나누기

[부록]
구역원 명부/ 구역원 출석부
성경읽기표/ 자기신앙점검표

구역원 명부

번호	이 름	주 소		전 화	생년월일
1			집		
		E-mail	핸	직	
2			집		
		E-mail	핸	직	
3			집		
		E-mail	핸	직	
4			집		
		E-mail	핸	직	
5			집		
		E-mail	핸	직	
6			집		
		E-mail	핸	직	
7			집		
		E-mail	핸	직	
8			집		
		E-mail	핸	직	
9			집		
		E-mail	핸	직	
10			집		
		E-mail	핸	직	
11			집		
		E-mail	핸	직	
12			집		
		E-mail	핸	직	
13			집		
		E-mail	핸	직	
14			집		
		E-mail	핸	직	
15			집		
		E-mail	핸	직	

구역원 명부

번호	이 름	주 소	전 화		생년월일
16			집		
		E-mail	핸	직	
17			집		
		E-mail	핸	직	
18			집		
		E-mail	핸	직	
19			집		
		E-mail	핸	직	
20			집		
		E-mail	핸	직	
21			집		
		E-mail	핸	직	
22			집		
		E-mail	핸	직	
23			집		
		E-mail	핸	직	
24			집		
		E-mail	핸	직	
25			집		
		E-mail	핸	직	
26			집		
		E-mail	핸	직	
27			집		
		E-mail	핸	직	
28			집		
		E-mail	핸	직	
29			집		
		E-mail	핸	직	
30			집		
		E-mail	핸	직	

구역원 출석부

번호	이　름	1월				2월				3월				4월				계
1																		
2																		
3																		
4																		
5																		
6																		
7																		
8																		
9																		
10																		
11																		
12																		
13																		
14																		
15																		
16																		
17																		
18																		
19																		
20																		
21																		
22																		
23																		
24																		
25																		

구역원 출석부

번호	이 름	5월					6월					7월					8월					계
1																						
2																						
3																						
4																						
5																						
6																						
7																						
8																						
9																						
10																						
11																						
12																						
13																						
14																						
15																						
16																						
17																						
18																						
19																						
20																						
21																						
22																						
23																						
24																						
25																						

구역원 출석부

번호	이 름	9월			10월			11월				12월			계
1															
2															
3															
4															
5															
6															
7															
8															
9															
10															
11															
12															
13															
14															
15															
16															
17															
18															
19															
20															
21															
22															
23															
24															
25															

성경 읽기표

구약

제 목	읽 기 표																								
창 세 기	1	2	3	4	5	6	7	8	9	10	11	12	13	14	15	16	17	18	19	20	21	22	23	24	25
	26	27	28	29	30	31	32	33	34	35	36	37	38	39	40	41	42	43	44	45	46	47	48	49	50
출애굽기	1	2	3	4	5	6	7	8	9	10	11	12	13	14	15	16	17	18	19	20	21	22	23	24	25
	26	27	28	29	30	31	32	33	34	35	36	37	38	39	40										
레 위 기	1	2	3	4	5	6	7	8	9	10	11	12	13	14	15	16	17	18	19	20	21	22	23	24	25
	26	27																							
민 수 기	1	2	3	4	5	6	7	8	9	10	11	12	13	14	15	16	17	18	19	20	21	22	23	24	25
	26	27	28	29	30	31	32	33	34	35	36														
신 명 기	1	2	3	4	5	6	7	8	9	10	11	12	13	14	15	16	17	18	19	20	21	22	23	24	25
	26	27	28	29	30	31	32	33	34																
여호수아	1	2	3	4	5	6	7	8	9	10	11	12	13	14	15	16	17	18	19	20	21	22	23	24	
사 사 기	1	2	3	4	5	6	7	8	9	10	11	12	13	14	15	16	17	18	19	20	21				
룻 기	1	2	3	4																					
사무엘상	1	2	3	4	5	6	7	8	9	10	11	12	13	14	15	16	17	18	19	20	21	22	23	24	25
	26	27	28	29	30	31																			
사무엘하	1	2	3	4	5	6	7	8	9	10	11	12	13	14	15	16	17	18	19	20	21	22	23	24	
열왕기상	1	2	3	4	5	6	7	8	9	10	11	12	13	14	15	16	17	18	19	20	21	22			
열왕기하	1	2	3	4	5	6	7	8	9	10	11	12	13	14	15	16	17	18	19	20	21	22	23	24	25
역 대 상	1	2	3	4	5	6	7	8	9	10	11	12	13	14	15	16	17	18	19	20	21	22	23	24	25
	26	27	28	29																					
역 대 하	1	2	3	4	5	6	7	8	9	10	11	12	13	14	15	16	17	18	19	20	21	22	23	24	25
	26	27	28	29	30	31	32	33	34	35	36														
에 스 라	1	2	3	4	5	6	7	8	9	10															
느헤미야	1	2	3	4	5	6	7	8	9	10	11	12	13												
에 스 더	1	2	3	4	5	6	7	8	9	10															
욥 기	1	2	3	4	5	6	7	8	9	10	11	12	13	14	15	16	17	18	19	20	21	22	23	24	25
	26	27	28	29	30	31	32	33	34	35	36	37	38	39	40	41	42								
시 편	1	2	3	4	5	6	7	8	9	10	11	12	13	14	15	16	17	18	19	20	21	22	23	24	25
	26	27	28	29	30	31	32	33	34	35	36	37	38	39	40	41	42	43	44	45	46	47	48	49	50

성경 읽기표

구약

제 목	읽 기 표																								
시 편	51	52	53	54	55	56	57	58	59	60	61	62	63	64	65	66	67	68	69	70	71	72	73	74	75
	76	77	78	79	80	81	82	83	84	85	86	87	88	89	90	91	92	93	94	95	96	97	98	99	100
	101	102	103	104	105	116	107	108	119	110	111	112	113	114	115	116	117	118	119	120	121	122	123	124	125
	126	127	128	129	130	131	132	133	134	135	136	137	138	139	140	141	142	143	144	145	146	147	148	149	150
잠 언	1	2	3	4	5	6	7	8	9	10	11	12	13	14	15	16	17	18	19	20	21	22	23	24	25
	26	27	28	29	30	31																			
전 도 서	1	2	3	4	5	6	7	8	9	10	11	12													
아 가	1	2	3	4	5	6	7	8																	
이 사 야	1	2	3	4	5	6	7	8	9	10	11	12	13	14	15	16	17	18	19	20	21	22	23	24	25
	26	27	28	29	30	31	32	33	34	35	36	37	38	39	40	41	42	43	44	45	46	47	48	49	50
	51	52	53	54	55	56	57	58	59	60	61	62	63	64	65	66									
예레미야	1	2	3	4	5	6	7	8	9	10	11	12	13	14	15	16	17	18	19	20	21	22	23	24	25
	26	27	28	29	30	31	32	33	34	35	36	37	38	39	40	41	42	43	44	45	46	47	48	49	50
	51	52																							
예레미야애가	1	2	3	4	5																				
에 스 겔	1	2	3	4	5	6	7	8	9	10	11	12	13	14	15	16	17	18	19	20	21	22	23	24	25
	26	27	28	29	30	31	32	33	34	35	36	37	38	39	40	41	42	43	44	45	46	47	48		
다 니 엘	1	2	3	4	5	6	7	8	9	10	11	12													
호 세 아	1	2	3	4	5	6	7	8	9	10	11	12	13	14											
요 엘	1	2	3																						
아 모 스	1	2	3	4	5	6	7	8	9																
오 바 댜	1																								
요 나	1	2	3	4																					
미 가	1	2	3	4	5	6	7																		
나 훔	1	2	3																						
하 박 국	1	2	3																						
스 바 냐	1	2	3																						
학 개	1	2																							
스 가 랴	1	2	3	4	5	6	7	8	9	10	11	12	13	14											
말 라 기	1	2	3	4																					

성경 읽기표

신약

제 목	읽 기 표																								
마태복음	1	2	3	4	5	6	7	8	9	10	11	12	13	14	15	16	17	18	19	20	21	22	23	24	25
	26	27	28																						
마가복음	1	2	3	4	5	6	7	8	9	10	11	12	13	14	15	16									
누가복음	1	2	3	4	5	6	7	8	9	10	11	12	13	14	15	16	17	18	19	20	21	22	23	24	
요한복음	1	2	3	4	5	6	7	8	9	10	11	12	13	14	15	16	17	18	19	20	21				
사도행전	1	2	3	4	5	6	7	8	9	10	11	12	13	14	15	16	17	18	19	20	21	22	23	24	25
	26	27	28																						
로 마 서	1	2	3	4	5	6	7	8	9	10	11	12	13	14	15	16									
고린도전서	1	2	3	4	5	6	7	8	9	10	11	12	13	14	15	16									
고린도후서	1	2	3	4	5	6	7	8	9	10	11	12	13												
갈라디아서	1	2	3	4	5	6																			
에베소서	1	2	3	4	5	6																			
빌립보서	1	2	3	4																					
골로새서	1	2	3	4																					
데살로니가전서	1	2	3	4	5																				
데살로니가후서	1	2	3																						
디모데전서	1	2	3	4	5	6																			
디모데후서	1	2	3	4																					
디 도 서	1	2	3																						
빌레몬서	1																								
히브리서	1	2	3	4	5	6	7	8	9	10	11	12	13												
야고보서	1	2	3	4	5																				
베드로전서	1	2	3	4	5																				
베드로후서	1	2	3																						
요한일서	1	2	3	4	5																				
요한이서	1																								
요한삼서	1																								
유 다 서	1																								
요한계시록	1	2	3	4	5	6	7	8	9	10	11	12	13	14	15	16	17	18	19	20	21	22			

자기신앙 출석부

종목 \ 월	1	2	3	4	5	6	7	8	9	10	11	12	계
1주 주일 낮 예배													
주일 저녁 예배													
수요 저녁 예배													
금요 철야예배													
구 역 예 배													
9 시 기 도													
새 벽 기 도													
2주 주일 낮 예배													
주일 저녁 예배													
수요 저녁 예배													
금요 철야예배													
구 역 예 배													
9 시 기 도													
새 벽 기 도													
3주 주일 낮 예배													
주일 저녁 예배													
수요 저녁 예배													
금요 철야예배													
구 역 예 배													
9 시 기 도													
새 벽 기 도													
4주 주일 낮 예배													
주일 저녁 예배													
수요 저녁 예배													
금요 철야예배													
구 역 예 배													
9 시 기 도													
새 벽 기 도													
5주 주일 낮 예배													
주일 저녁 예배													
수요 저녁 예배													
금요 철야예배													
구 역 예 배													
9 시 기 도													
새 벽 기 도													